Rudolf Seiters

In der Spur bleiben

W0206726

Rudolf Seiters

In der Spur bleiben

Politische Wegmarken zu Rechtsstaat und Demokratie, Europa und Weltfrieden, bürgerlicher Verantwortung und Solidarität

OLZOG

Bibliografische Information Der Deutschen Bibliothek

Die Deutsche Bibliothek verzeichnet diese Publikation in der Deutschen Nationalbibliografie; detaillierte bibliografische Daten sind im Internet über http://dnb.ddb.de abrufbar.

ISBN 3-7892-8174-3
© 2005 Olzog Verlag GmbH, München
Internet: http://www.olzog.de

Alle Rechte, insbesondere das Recht der Vervielfältigung und Verbreitung sowie der Übersetzung, vorbehalten. Kein Teil des Werkes darf in irgendeiner Form (durch Fotokopie, Mikrofilm oder ein anderes Verfahren) ohne schriftliche Genehmigung des Verlages reproduziert oder unter Verwendung elektronischer Systeme gespeichert, verarbeitet, vervielfältigt oder verbreitet werden.

Umschlagentwurf: Gruber Grafik, Augsburg,
unter Verwendung eines Fotos von Elke Schwalbach, Berlin
Satz: Fotosatz H. Buck, Kumhausen
Druck- und Bindearbeiten: Ebner & Spiegel, Ulm
Printed in Germany

Dr. rer. pol. h. c. Rudolf Seiters, geboren am 13. Oktober 1937 in Osnabrück, verheiratet, 3 Töchter; Studium der Rechts- und Staatswissenschaften; 1969–2002 Mitglied des Deutschen Bundestages; 1989–1991 Chef des Bundeskanzleramtes und Bundesminister für besondere Aufgaben; 1991–1993 Bundesminister des Innern. Nach seinem – unbedrängten – Rücktritt als Bundesinnenminister im Juli 1993, als er die politische Verantwortung für Fehler der Sicherheitsbehörden beim Fahndungseinsatz in Bad Kleinen übernahm, war er vier Jahre Stellvertretender Vorsitzender der CDU/CSU-Bundestagfraktion mit der Zuständigkeit für außen-, sicherheits- und europapolitische Fragen. Von 1998–2002 war er Erster Vizepräsident des Deutschen Bundestages; seit 2003 ist er Präsident des Deutschen Roten Kreuzes.

Inhaltsverzeichnis

Vorwort

Dreiunddreißig Jahre im Deutschen Bundestag, von 1969 bis 2002: Eine Zeit voller Umbrüche, im Inneren wie im Äußeren. Ich habe erfahren, wie wichtig – auch – im politischen Handeln ist: Ein innerer Kompass, ein Wertefundament, Bürgernähe, das gegebene und gehaltene Wort, Verlässlichkeit. Und was in die Irre führt: Haltlose Versprechungen, das Verfangensein in Ideologien, Geschichtslosigkeit.

Heute stehen wir vor einem Generationenwechsel in Politik und Gesellschaft mit gravierenden Folgen. Zum einen wird die Generation mit Wiederaufbauerfahrung von einer Generation mit Wohlstandserfahrung in der Verantwortung abgelöst. Zum anderen gilt es, alte und neue Lasten für die Schultern einer schwindenden Nachfolgegeneration tragbar zu machen. Unser Land, Staat und Bürger gleichermaßen sind gefordert, den beschleunigten Strukturwandel hin zu einer globalen Wissensgesellschaft zu meistern. Der Staat allein kann dies nicht schaffen. Wir brauchen Politik und Gesellschaft, Wirtschaft und Arbeitnehmer, die Wissenschaft, vor allem aber brauchen wir die Bürger – mit mehr Freiheit und mehr Verantwortung für den Einzelnen.

Ich habe im vorliegenden Buch einige politische Wegmarken zusammengestellt:

- zu Fragen der Solidarität und Gerechtigkeit, zu fundamentalen christlichen Werten für den Rechtsstaat und die Demokratie,
- zu Fragen der deutschen Einheit und der europäischen Einigung sowie einer neuen Weltinnenpolitik zur Sicherung eines friedlichen Zusammenlebens der Weltgemeinschaft und
- zu Fragen der bürgerschaftlichen Verantwortung am Beispiel der Arbeit des Deutschen Roten Kreuzes.

Ferdinand Bitz und Manfred Speck haben mich zu diesem Buch ermuntert und zu seiner Verwirklichung wesentlich beigetragen. Für ihre Kompetenz und ihren Einsatz danke ich ihnen sehr.

Berlin, im November 2005 *Rudolf Seiters*

1. Politisches Engagement aus christlicher Verantwortung

1.1 Christ und Macht – Macht und Politik[1]

(...) Diese Thematik hat mich schon früher beschäftigt. Ich habe mich erinnert an mein Abitur im Jahre 1959, am Gymnasium Carolinum in Osnabrück, als wir im Fach Deutsch gehalten waren, eine Arbeit über unseren Lieblingsschriftsteller zu schreiben – das war für mich Reinhold Schneider, 1938 zum katholischen Glauben übergetreten, Friedenspreisträger des Deutschen Buchhandels, der sich in vielen Werken und historischen Romanen – „Philipp der Zweite“ oder „Las Casas vor Karl V.“ – beschäftigt hat mit der Auseinandersetzung zwischen Macht und Gewissen, weltlicher Macht und göttlicher Gnade. Das Thema Macht, ihre Grenzen, ihre Versuchung und ihr Missbrauch ist in den vergangenen Jahrtausenden, seit Menschen existieren, nicht erst seit der Gerichtsverhandlung des Pilatus, immer ein höchst aktuelles Thema gewesen, in Staat und Politik genauso wie in der Kirche.

Wenn wir die Evangelien lesen, so wird in ihnen gleichermaßen eines sehr deutlich. Die Macht, die Pilatus ausübte, als er Jesus den Hohen Priestern auslieferte, damit sie ihn kreuzigen, damit sie ihn – nichts anderes war ja diese Auslieferung – lynchen konnten, diese Macht basierte nicht auf Recht und Gesetz und Gerechtigkeit, sondern auf Unrecht und Willkür, und Pilatus wusste dies. Er handelte gegen seine Überzeugung, wie die Evangelien berichten. Pilatus wird wörtlich zitiert: „Ich finde keine Schuld an ihm ..., ich bin unschuldig am Blut dieses Menschen ..., ich wasche meine Hände in Unschuld.“ Pilatus handelte aus Furcht vor den Juden, aus Angst, aus Bequemlichkeit, und die Macht, die er ausübte, unterlag keiner Kontrolle, keiner Über-

[1] Ansprache in St. Antonius in Papenburg am 9. März 1997

prüfung. Es gab weder Berufung noch Revision, keine Obergerichte, keine Verteidiger, keine Verbände, keine Presse – die Macht des Pilatus in der Gerichtsverhandlung war ungezügelt, unbegrenzt, unkontrolliert, total – und falsche Zeugen konnten ungestraft agieren.

Ich gebe zu: Es ist ein weiter gedanklicher Sprung von der Gerichtsverhandlung des Pilatus in die Gegenwart der Bundesrepublik Deutschland. Heute leben wir in einer Demokratie und in einem Rechtsstaat. Im Grundgesetz der Bundesrepublik Deutschland, in unserer Verfassung, heißt es: „Alle Staatsgewalt geht vom Volke aus ... Die Gesetzgebung ist an die verfassungsmäßige Ordnung gebunden, die vollziehende Gewalt und die Rechtsprechung sind an Gesetz und Recht gebunden ... Die Würde des Menschen ist unantastbar ... Alle Menschen sind vor dem Gesetz gleich ... Die Freiheit der Person, die Freiheit des Glaubens, des Gewissens und die Freiheit des religiösen und weltanschaulichen Bekenntnisses sind unverletztlich, Menschenrechte sind unveräußerlich ... Die Grundrechte binden Gesetzgebung, vollziehende Gewalt und Rechtsprechung als unmittelbar geltendes Recht."

Das Grundgesetz hat die staatliche Macht aufgeteilt, wir sprechen von der Gewaltenteilung zwischen Regierung, Parlament und Gerichten, zwischen Bund, Ländern und Gemeinden, es gibt mächtige Verbände, die Gruppeninteressen wahrnehmen und Einfluss ausüben, es gibt wichtige Organisationen zum Schutz von Menschenrechten und zur Verteidigung von Minderheiten, es gibt den Einfluss der Kirchen – vor allem aber gibt es die fast unbeschränkte Kontrolle der Macht durch die Medien, die ihrerseits Macht in den Händen haben und von ihr auch Gebrauch machen, manchmal – im Vergleich zur Politik und zum Staat – sogar zuviel.

Unter diesen Voraussetzungen und vor diesem Hintergrund kann sich für einen Christen die Frage kaum stellen, ob Macht oder die Ausübung von Macht etwas Böses sei oder ob man darauf verzichten könne. Ohne die Anwendung von Macht wäre ein Staat, eine Demokratie, nicht regierbar. Wie soll denn ein Staat funktionieren, wenn die Politiker, die Regierungen, die Gerichte, die Polizei, die Einhaltung der Gesetze nicht erzwingen könnten? Und aus der Sicht des Bürgers: Er hat doch auch einen Anspruch darauf, dass die gewählte Regierung, dass die beauftragten Politiker, das Gewaltmonopol des Staates einsetzen gegen Kriminalität, gegen Gewalt, gegen Fremdenhass, für den Schutz von Leben, Freiheit und Menschenwürde, und dass sie in den Parlamenten von ihren Mehrheiten Gebrauch machen, um die Gesetze zu schaffen und die Verordnungen zu erlassen, die sie vor der Wahl den Bürgern versprochen haben. Die Macht in der Demokratie wird vom Volk verliehen, sie kann den Regierenden vom Volk auch wieder entzogen werden, bei jeder Wahl, es ist Macht auf Zeit, es ist begrenzte Macht, sie wird kontrolliert, kein Politiker kann ungestraft oder ohne dass er Gefahr läuft, bestraft zu werden, gegen Gesetze verstoßen. Ich will drei große christlich geprägte Politiker beispielhaft erwähnen:

Ludwig Windthorst, einer der großen katholischen politischen Führer des vergangenen Jahrhunderts, der – auch auf Grund persönlicher Erfahrungen – ein tiefes Misstrauen hatte gegen Machtzusammenballung und Machtmissbrauch, strebte seinerseits nach Macht, um – wie er sagte – die Herrschaft des Rechts sicherzustellen und die ungezügelte Macht des Staates einzudämmen. Wie hätte er denn sonst Bismarck Paroli bieten können in der Frage des Kulturkampfes, als es auch darum ging, die Rechte der Kirche und die Freiheit des Glaubens zu sichern?

Hermann Ehlers, der frühere Bundestagspräsident, evangelischer Oberkirchenrat aus Oldenburg, 1954 viel zu früh verstorben, dessen Porträt in meinem Bonner Büro hängt und mich seit 1969 in meiner politischen Arbeit begleitet, hat nach dem Zweiten Weltkrieg, nach dem Zusammenbruch der Nazi-Diktatur, als Deutschland geächtet war, als vieles in Trümmern lag, nicht nur die materiellen Werte, als viele sich zurückziehen wollten ins

Privatleben, nichts zu tun haben wollten mit Staat und Politik, leidenschaftlich für die Übernahme von Verantwortung durch Christen geworben und auch für die Anwendung von Macht, indem er sagte: „Die Mittel des Staates sind uns, auch den Christen, gegeben, um sie anzuwenden. Das heißt nicht, ihnen unchristlich zu vertrauen."

Konrad Adenauer, der erste deutsche Bundeskanzler nach dem Zweiten Weltkrieg: Er hat sein Verständnis von Macht so formuliert: „Macht bedeutet Verantwortung." Vor diesem Hintergrund ist der Begriff „Machtmensch", den man Konrad Adenauer oftmals zuordnete, überhaupt nicht negativ zu bewerten, wenn Macht als Verantwortung verstanden wird und als Auftrag, die Welt aus christlicher Verantwortung zu gestalten. Ein kluger Franzose hat in diesem Zusammenhang einmal gesagt: „Die Welt von morgen wird das sein, was wir aus ihr gemacht haben. Sie wird uns für unsere Anstrengungen belohnen, und sie wird uns für unsere Irrtümer bestrafen." (...)

Ich selbst habe an vielen Entscheidungen mitwirken können, wie auch vorbereiten können, die das Leben von Menschen verändert haben. Natürlich hatte ich oftmals das Gefühl der Genugtuung bei dem Gedanken, Einfluss auszuüben und die Dinge so zu gestalten, wie ich sie für richtig hielt. Aber ich habe das persönlich nie als Ausübung von Macht empfunden. Die Verhandlungen mit der DDR als Kanzleramtsminister, das Ringen um die Flüchtlinge in den deutschen Botschaften, die Verhandlungen über die Öffnung des Brandenburger Tores, die Vorbereitung der Wiedervereinigung durch den Staatsvertrag und den Einigungsvertrag – auch bei diesen Entscheidungen, Beschlüssen und Verhandlungen hatte ich nie den Eindruck, dass die Bundesregierung beherrscht war von einem Gefühl der Macht oder in der Versuchung stand, allein auf Macht gestützte Entscheidungen zu treffen oder Macht zu missbrauchen. Es waren – nach meinen Eindrücken oder Erfahrungen – ganz andere Empfindungen, die uns bewegten: Erstaunen und Erleichterung über den atemberaubenden Zusammenbruch der kommunistischen Diktatur, Entschlossenheit, die Chancen für Freiheit und Demokratie in ganz Deutschland und Europa zu nutzen, Dankbarkeit und auch Gebete um Gottes Hilfe, dass das Werk gelingen möge. (…)

Während meines Studiums in Münster bin ich Joseph Höffner begegnet, damals Professor an der Westfälischen Wilhelms-Universität, später Bischof, Kardinal und Vorsitzender der Deutschen Bischofskonferenz; ich hörte seine Vorlesungen und traf ihn auch bei Diskussionen in katholischen Studentenverbindungen. Ich habe in diesen Tagen noch einmal seinen Vortrag nachgelesen: „Der Staat – Diener der Ordnung". Er hat ihn im September 1986 bei der Herbst-Vollversammlung der Deutschen Bischofskonferenz in Fulda gehalten. Das zweite Kapitel handelt vom christlichen Verständnis der staatlichen Gewalt. Er zitiert den Römerbrief: „Jeder leiste den Trägern der staatlichen Gewalt den schuldigen Gehorsam. Denn es gibt keine staatliche Gewalt, die nicht von Gott stammt: jede ist von Gott eingesetzt. Wer sich daher der staatlichen Gewalt widersetzt, stellt sich gegen die Ordnung Gottes." (Röm. 13, 1–2) Dann fügt Kardinal Höffner hinzu: „Gewiss, der mit Zwangsgewalt ausgestattete Staat gehört dem Zeitalter zwischen Sündenfall und Wiederkunft des Herrn an. Im kommenden Reich Gottes gibt es keinen Staat. Die gefallene Menschheit bedarf jedoch der Ordnungsfunktion der staatlichen Gewalt gegen Rechtsbrecher und Böswillige". „Vor den Trägern der Macht" – so noch einmal der Römerbrief – „hat sich nicht die gute, sondern die böse Tat zu fürchten". Die Weltgeschichte hat diesen Satz, wenn man ihn wörtlich nimmt, vielfach widerlegt. Wenn man allerdings die Mahnung des Kardinals hinzunimmt, dass der Staat als höchster Hüter des Gemeinwohls sich nicht nur auf die Macht, sondern auch auf das Recht stützen müsse, alles andere widerspreche christlichem Denken, dann beschreibt das Römerwort eine elementare Wertvorstellung unseres christlich geprägten Rechtsdenkens und unserer rechtsstaatlichen Demokratie.

Dann gibt es noch eine zweite Mahnung des Kardinals, sie richtet sich jedoch nicht an den Staat, sondern an den einzelnen Politiker und deswegen habe ich diese Mahnung auch mit besonderer Aufmerksamkeit gelesen. In früheren Jahrhunderten, so Joseph Höffner, liebte man es, für die verschiedenen Stände Leitbilder aufzustellen, so dass sich der Leser wie in einem Spiegel prüfend betrachten konnte: Fürstenspiegel, Handwerkerspiegel, Bauernspiegel, Kaufmannsspiegel usw. Heute meinen manche, es sei kaum möglich, das Ethos des Politikers, das heißt die Gesamtheit seiner moralischen, das politische Handeln bestimmenden Überzeugungen zu umschreiben, die Politik verderbe nämlich den Charakter. Dem widerspricht der Kardinal und stellt seinerseits einen Politikerspiegel auf, der folgende sieben Züge aufweisen sollte:

- Charakterfestigkeit, das bedeute auch Unabhängigkeit und Unbestechlichkeit,
- Bekenntnis zu sittlichen Grundwerten,
- schöpferische Kombinationsgabe, das bedeute die Bereitschaft zum Ordnen und zum Gestalten,
- Sachlichkeit, Nüchternheit und Gelassenheit,
- Dienstbereitschaft – Dienst am Gemeinwohl und am Menschen,
- Mut zu unpopulären Entscheidungen,
- Bereitschaft zum Miteinander, zur Versöhnung und zum Kompromiss.

Wer diese Maßstäbe befolge, sei unfähig, Macht zu missbrauchen. Ich möchte nicht missverstanden werden. Seit der Gerichtsverhandlung des Pilatus ist die Menschheit einen langen Weg gegangen. Vieles ist friedlicher, freiheitlicher und demokratischer geworden. Aber auch heute gibt es in vielen Teilen der Welt Krieg, Armut, Elend, Gewalt. Und auch heute gibt es Versuchungen und Missbrauch der Macht. Aber insgesamt möchte ich doch ein leidenschaftliches Plädoyer halten für die Demokratie und den Rechtsstaat, in dem wir leben. Es ist wohl der freiheitlichste und sozialste, den es jemals auf deutschem Boden gab. Und deshalb werbe ich dafür, dass möglichst viele Bürger, gerade auch möglichst viele Christen, bereit sind, über das private Leben hinaus Verantwortung zu übernehmen – in der Gesellschaft insgesamt, im Ehrenamt und auch in der Politik. (…)

1.2 Ludwig Windthorst: Ein Christ als Vorkämpfer von Rechtsstaat und Demokratie[2]

(…) Mit dem politischen Wirken und mit der Person des großen Zentrumsführers und bedeutendsten politischen Kontrahenten Otto von Bismarcks verbinde ich bis heute die Vorstellung von einem engagierten und überzeugungstreuen Anwalt der Rechtsstaatlichkeit und von einem ebenso klugen wie leidenschaftlichen Parlamentarier.

Der Name Windthorst ist mir seit meiner Kindheit ein Begriff. Mein Elternhaus steht in Bohmte, wenige Kilometer entfernt von Ostercappeln, dem Geburtsort von Ludwig Windthorst. Die Windthorstbrücke war mir immer ein Begriff. Wichtige Stationen von Windthorsts Leben spielten sich in Osnabrück ab; zum Beispiel sein beruflicher Start, der ihn schnell zum erfolgreichen, ja bedeutenden Anwalt der Stadt werden ließ. Und wer – wie ich – lange Jahre in Meppen gelebt hat, der kam natürlich auch immer wieder am Denkmal von Ludwig Windthorst vorbei. Über 20 Jahre lang hat Windthorst den Meppener Wahlkreis im Reichstag vertreten und das Mandat für Meppen im preußischen Abgeordnetenhaus wahrgenommen.

Im öffentlichen Leben hat die Person Windthorst in den vergangenen Jahrzehnten eine unverständlich geringe Rolle gespielt. Erst in jüngster Zeit sind größere Veröffentlichungen erschienen; eine besonders umfassende Windthorst-Biographie wurde

[2] Festvortrag zur Eröffnung der Windthorst-Ausstellung am 13. Dezember 1991 in Papenburg

bezeichnenderweise von einer Amerikanerin, Margaret Anderson, verfasst. Es ist erfreulich, dass das „Windthorst-Jahr“ jetzt Gelegenheit gibt, der Person und der Leistung von Ludwig Windthorst zu gedenken und sich damit auseinanderzusetzen.

Windthorst war alles andere als ein Mann großer theoretischer Entwürfe oder gar ein politischer Visionär. Er hat in seinem langen politischen Wirken Überzeugungen gelebt, die sich zum Teil erst Jahrzehnte später als konstitutiv für ein freiheitliches, gerechtes und menschenwürdiges Gemeinwesen erwiesen haben.

Als der mit Abstand bedeutendste und auch fleißigste Parlamentarier des Reichstages während der Kaiserzeit bietet sein Lebenswerk eine Fülle politischer Gedanken und Ideen. Ich will mich hier auf einige wesentliche Gesichtspunkte beschränken:

- Auf den seiner Religion und Konfession treu verbundenen Politiker, der aber stets über konfessionelle Grenzen hinausdachte,
- auf den Anwalt der Rechtsstaatlichkeit, der Rechtsgleichheit und der Freiheitsrechte,
- auf den leidenschaftlichen Parlamentarier, der als seine vorrangige Aufgabe die Kontrolle staatlicher Macht ansah.

Windthorst feste religiöse und konfessionelle Bindung und sein Bekenntnis zum Katholizismus hat ihn nie daran gehindert, über die Grenzen seiner Konfession hinauszuschauen. Auch wenn er bei seiner politischen Arbeit die Interessen der katholischen Kirche stets mit einbezog: Sein Wirken erschöpfte sich darin keineswegs. Auf einem Katholikentag in Düsseldorf mahnte er beispielsweise die Katholiken, fest entschlossen zu bleiben, „die Andersdenkenden wie unsere Brüder zu achten und zu lieben“. Und es ist auch bekannt, dass er seine Partei, das Zentrum, nicht als rein katholische Partei verstand und deshalb immer wieder – wenngleich ohne großen praktischen Erfolg – auch Protestanten aufforderte, sich dort zu engagieren. Mit seiner Aufgeschlossenheit und Toleranz in religiösen und konfessionellen Angelegenheiten war er zweifelsohne einer der Vordenker jener Männer und Frauen, die sich nach dem Zweiten Weltkrieg bewusst zur Gründung einer überkonfessionellen demokratischen Partei auf christlicher Grundlage zusammengeschlossen haben.

Auf den ersten Blick mag Windthorsts Haltung gegenüber anderen Konfessionen überraschend anmuten: Trat er doch jahrzehntelang als unangefochtener Führer des Zentrums, als politisch stärkster, jedenfalls wirkungsvollster Anwalt der katholischen Kirche während des Kulturkampfes auf. Aber bei aller Leidenschaft, mit der er für die katholische Sache stritt, war diese nicht das ihn allein bewegende Motiv. Zu Unrecht traf ihn die polemische Bezeichnung „ultramontan". Denn wo immer es darauf ankam, bestand er auf der Unabhängigkeit politischer Entscheidungen von äußeren Einflüssen.

Zum anderen leitete ihn ein ganz besonders ausgeprägtes Rechtsbewusstsein. Er selbst hat dies mit folgendem Satz zum Ausdruck gebracht: „Ich werde das Recht, das ich für die Katholiken und für die katholische Kirche und deren Diener in Anspruch nehme, jederzeit vertreten, auch bei den Protestanten und nicht minder bei den Juden. Ich will eben das Recht für alle."

Auch diese Überzeugung Windthorsts hat bleibende Aktualität. Windthorst glaubte an die Notwendigkeit einer Herrschaft des Rechts – als Instrument, das die ungezügelte Macht des Staates eindämmt und sowohl dem Einzelnen als auch gesellschaftlichen Gruppen Freiheiten sichert und gewährleistet. Vor allem ging er von der Unverfügbarkeit fundamentaler Rechte aus – ein Grundsatz, der auch Bestandteil unseres Grundgesetzes geworden ist. Das Bekenntnis zu unverletzlichen und unveräußerlichen Menschenrechten als Grundlage jeder menschlichen Gemeinschaft, des Friedens und der Gerechtigkeit in der Welt bringt in Artikel 1 Abs. 2 GG zum Ausdruck, dass das Grundgesetz von bestimmten überpositiven Menschenrechten ausgeht, die selbst dann Geltung besäßen, wenn sie im Grundgesetz nicht ausdrücklich aufgenommen worden wären. Ich nenne das Recht auf Leben, die Würde des Menschen und die freie Meinungsäußerung.

Dieses Rechtsverständnis Windthorsts scheint mir besonders deutlich zu werden in der Situation seiner größten politischen Niederlage, als sich Bismarck 1890 mit Papst Leo XIII. ohne Windthorsts Beteiligung und praktisch über seinen Kopf hinweg auf eine Lockerung der Mai-Gesetze verständigte – jener Gesetze, die im Rahmen des Kulturkampfes eine Reglementierung kirchlicher Befugnisse durch den Staat vorsahen. Windthorsts Ablehnung dieses Kompromisses, der von vielen katholischen Zeitgenossen begrüßt wurde, rührte eben nicht daher, dass er mit den erzielten Erleichterungen nicht einverstanden gewesen wäre. Es erschien ihm jedoch nach wie vor unzumutbar, dass der Staat sich das Recht – juristisch ausgedrückt die „Kompetenz-Kompetenz" – anmaßte, kirchliche Angelegenheiten zu regeln. Er fürchtete, dass der Anspruch der Kirche auf Autonomie wie auch der Schutz der Religionsfreiheit für alle Bürger grundsätzlich aufgegeben werde, wenn er der Disposition des Staates anheim fiele.

Aus der Überzeugung, dass Rechtsstaatlichkeit, Gleichheit vor dem Gesetz und unveräußerliche Rechte unabdingbare Voraussetzungen für ein geordnetes Gemeinwesen sind, wurde Windthorst wiederholt zum Anwalt von Minderheiten. Leidenschaftlich – wenn nötig auch gegen die eigene Fraktion – wandte er sich insbesondere gegen antisemitische Strömungen. Ebenso entschlossen kämpfte er für die Rechte der polnischen Minderheit wie auch für die Bewohner des Elsass, deren rechtliche Schlechterstellung gegenüber den so genannten „Reichsdeutschen" er als einen unverzeihlichen Fehler empfand.

Bezeichnend ist auch, dass er – gegen anfängliche Widerstände aus den Reihen seiner eigenen Fraktion und aus der römischen Kurie – die gegen die Sozialdemokratie gerichteten Sozialistengesetze Bismarcks prinzipiell ablehnte. Mit dieser Position setzte er sich schließlich auch innerhalb des Zentrums durch: Dass die Gesetze später wieder aufgehoben wurden, geht ganz entscheidend auf Ludwig Windthorst zurück. Selbstverständlich hielt er die inhaltlichen Auseinandersetzungen mit den Sozialdemokraten für eine notwendige Aufgabe gerade des Zentrums. Die Gründung des Katholischen Volksvereins war für ihn auch die Antwort auf das Erstarken der Sozialdemokratie, die zum Konkurrenten des Zentrums geworden war. Aber politischer Streit konnte für ihn niemals rechtfertigen, elementare rechtsstaatliche Grundsätze außer Kraft zu setzen. Seine Maxime blieb: „Was Du nicht willst, das Dir geschehe, das tue auch keinem Anderen." Natürlich lag dies auch im wohlverstandenen Eigeninteresse: Das Zentrum wie auch die katholische Kirche insgesamt konnten, dessen war sich Windthorst sicher, nur in einem Rechtsstaat gedeihen.

Der Einsatz von Windthorst für Minderheiten hatte, dies ist immer wieder betont worden, auch biographische Ursachen. Schließlich sah er sich zeitlebens immer wieder in einer Minderheitenposition: Als Katholik im protestantischen Königreich Hannover, wo er allerdings zweimal für kurze Zeit – seinerzeit eine Sensation – Justizminister war; und auch im preußischen Abgeordnetenhaus und im Reichstag war er als katholischer Abgeordneter Vertreter einer Minderheit. Diese persönlichen Erfahrungen verdichteten sich bei ihm zu einem politischen Grundsatz: Wo Minderheiten bedroht oder in ihren Rechten eingeschränkt werden, da liegt im Staat grundsätzlich etwas im Argen, da ist die Gefahr gegeben, dass der Staat seine Macht immer mehr erweitert, unkontrolliert ausübt oder gar missbraucht.

Damit komme ich zu einem dritten Punkt: Windthorsts Verständnis staatlicher Macht und die Konsequenzen, die er als Abgeordneter hieraus zog. Zweifellos hielt Windthorst Macht als Mittel politischer Gestaltung und im Dienste eines geordneten Gemeinwesens für notwendig. Er empfand jedoch – wiederum auf Grund seiner persönlichen Erfahrungen – ein tiefes Misstrauen gegen Machtzusammenballungen und Machtmissbrauch. Insbesondere die offensive Machtpolitik Bismarcks ließ ihn ständig auf der Hut sein. Als Zentrumsabgeordneter im Reichstag verstand er deshalb seine Aufgabe in der unbestrittenen Rolle des Oppositionsführers im Wesentlichen darin, Regierungsmacht zu kontrollieren und zu begrenzen. (...)

Es mag besonders reizvoll erscheinen, Windthorst mit der Person Konrad Adenauers zu vergleichen. Dabei gibt es zunächst einen wichtigen Unterschied: Windthorst war fast durchgehend Oppositionspolitiker (...) Gleichwohl gibt es auch hervorstechende Gemeinsamkeiten, die beide in besonderer Weise auszeichneten:

- Ihre konfessionelle Bindung, verbunden mit persönlicher Religiösität, die sie aber nicht daran hinderte, in politischen Dingen ihre Unabhängigkeit zu bewahren;
- ihr Einsatz für individuelle Freiheit und Rechtsstaatlichkeit,
- ihre entschlossene Ablehnung von Willkürherrschaft und Missachtung des Rechts;
- ihre Einbindung der Nationalstaatsidee in übergeordnete Gesichtspunkte sowie ihr Eintreten für regionale Eigenständigkeit.

Bei beiden Persönlichkeiten beeindruckt jene glückliche Verbindung von entschiedener Grundsatztreue und persönlichen Handlungsmaximen mit einem ausgeprägten Pragmatismus. Beide Politiker wurden immer wieder wegen ihres taktischen Geschicks, ihrer Bereitschaft, um eines höheren Zieles willen eigene Positionen zu korrigieren, gelobt und auch gescholten. Beide machten aber auch immer wieder deutlich, dass sie ihr Handeln an ethischen, an christlichen Grundsätzen orientierten.

Ich denke, diese Orientierung an ethischen Grundsätzen gehört ebenso zu den Aufgaben eines Politikers wie die Fähigkeit zum Dialog – einschließlich des politischen Streits – und nicht zuletzt die Fähigkeit zum Kompromiss. Das Windthorst-Jahr mag uns ein wenig den Blick schärfen für die Bedeutung politischer Tugenden, die für Windthorst außer Zweifel standen. (...)

1.3 Joseph Kardinal Höffner und sein Wirken für Staat und Gesellschaft[3]

(…) Ich hatte das Glück, Professor Höffner schon während meiner Studienzeit zu begegnen. Joseph Höffner hatte Anfang der 60er Jahre den von ihm 1951 gegründeten Lehrstuhl für christliche Sozialwissenschaften an der Westfälischen Wilhelms-Universität Münster inne, ehe er dann 1962 Bischof von Münster und 1969 Erzbischof von Köln und Kardinal wurde. Ich habe ihn damals bei Vorlesungen und Vorträgen erlebt, auch bei Diskussionen in katholischen Studentenverbindungen. Höffner verstand es meisterhaft, seinen Zuhörern in einfacher und fast unakademischer Sprache selbst komplizierte Sachzusammenhänge verständlich zu machen. Er liebte seine Vorträge streng zu gliedern und seine Analysen in Thesen zuzuspitzen, was ihm den gut gemeinten Spitznamen „Papst Theseus I." eingebracht hat. Der Breite seines Wissens und der Vielschichtigkeit seiner Interessen entsprach die Vielfältigkeit seines Wirkens – wissenschaftlich, gesellschaftspolitisch, theologisch, pastoral. Das ist oftmals umfassend und fachmännisch gewürdigt worden. Ich muss mich heute Abend bescheiden mit dem mehr politischen Part, vor allem mit drei Wirkungskreisen, die bis auf den heutigen Tag nichts an Relevanz und Aktualität eingebüßt haben und daher in die gegenwärtig geführte politische Debatte einbezogen zu werden verdienen. Da ist erstens die Frage nach der Zukunft und Zukunftsfähigkeit der „Sozialen Marktwirtschaft", da ist zweitens die Frage nach der Not und Notwendigkeit einer an christlichen Werten orientierten Politik und da ist schließlich die Frage nach der Beziehung und Beziehungslosigkeit von Staat und Kirche.

Kardinal Höffner war Schüler von Walter Eucken, dem Begründer der „Freiburger Schule" und einer der geistigen Väter der

[3] Festvortrag 100 Jahre Unitas Winfridia Münster am 30. November 2002

„Sozialen Marktwirtschaft". Er beliebte in Diskussionen seine Ausführungen oftmals mit den Worten einzuleiten: „Ich als studierter Volkswirt …" Damit wollte er vor allem klarmachen, dass sein Eintreten für die „Soziale Marktwirtschaft" nicht nur auf dem Boden christlicher Weltsicht, sondern auch und insbesondere auf dem Boden volkswirtschaftlicher Argumente fußte. Der Staat durfte seinem Verständnis nach schon aus ökonomischen Gründen nicht die Rolle eines Nachtwächterstaates spielen. Er hatte eine Wirtschaftsverfassung vorzugeben, für eine Rahmenordnung zu sorgen, die fairen Wettbewerb und sozial ausgleichende Gerechtigkeit sicherte. Ordnungspolitische Interventionen seien deshalb notwendig, weil die klassische Grundannahme des Ökonomischen Liberalismus, der von einer so genannten „prästabilen Harmonie" ausging, wonach der reine Wettbewerb alleine die angestrebte Verteilungsgerechtigkeit garantiert, in der Praxis nicht funktionierte. Daher die Forderung nach Solidarität als Bauprinzip wechselseitiger Verpflichtungen jenseits von Individualismus und Kollektivismus, als Weg einer Aussöhnung von sozialer Gerechtigkeit mit freiheitlicher Marktordnung.

Neben dem Prinzip der Solidarität stand für Kardinal Höffner als zweite Säule der Christlichen Soziallehre das Prinzip der Subsidiarität – ausgehend von der Erstverantwortlichkeit des Individuums. Höffner hat in diesem Zusammenhang sehr früh und immer wieder neu vor einem Unterlaufen dieses Grundprinzips gewarnt. In den Gesellschaftspolitischen Kommentaren hat er 1987 nachdrücklich für das Primat der Eigenverantwortung plädiert und kritisch angemerkt: „Bedenklich ist es jedoch, dass weite Kreise der Bevölkerung von einem auffallenden Bestreben nach staatlicher Versorgung erfüllt sind, so dass man von den ‚Grenzen des Sozialstaates' spricht. Der Sozialstaat wird besonders sorgsam das Prinzip der Subsidiarität beachten müssen". Und an anderer Stelle sagt er, es wäre unverantwortlich, wenn die heute Erwerbstätigen durch Staatsverschuldung ihren Lebensstandard erhöhen, über ihre Verhältnisse leben und der jungen Generation zusätzlich zur Versorgung der alten Menschen auch noch eine gewaltige Schuldenlast aufbürden würden", denn Schulden, so wäre zu ergänzen, sind volkswirtschaftlich gesehen nur aufgeschobene Steuererhöhungen.

Wie recht Höffner mit seinen Warnungen hatte, dazu zwei konkrete Beispiele aus der aktuellen Sozialpolitik:

Als Mitautor des sog. „Vier-Professoren-Gutachtens" von 1955 zur „Neuordnung der sozialen Leistungen" und damit maßgeblich an der Rentenreform von 1957 beteiligt – mit dem Kernstück der Einführung der Dynamischen Rente – hatte Kardinal Höffner bereits in seinem Gutachten über die „Sozialpolitik im deutschen Bergbau" 1954 weitsichtig auf das demographische Problem Deutschlands hingewiesen: „Die Schrumpfung der Kinderzahl und der mittleren Jahrgänge, besonders die Zunahme der alten Leute gibt Anlass zu ernsten Erwägungen, denen unser Sozialversicherungssystem eines Tages wird begegnen müssen." Und an anderer Stelle warnte Höffner eindringlich: „Die Vergreisung Deutschlands wird sich wie eine schleichende Revolution auswirken."

Höffners Prognosen haben sich heute mehr als erfüllt und sind zu einer großen politischen Herausforderung für unser Sozialsystem geworden. Wir Deutschen werden immer älter, es werden immer weniger und die Lebenserwartung steigt. (...) Wenn das Rentensystem bezahlbar bleiben soll, wenn der Generationenvertrag gerecht ausgestaltet bleiben soll zwischen der älteren und der jüngeren Generation, dann müssen wir Vorsorge treffen und durch vernünftige Rahmenbedingungen die notwendige Eigenverantwortung des Einzelnen einfordern – dieser Erkenntnis haben sich viele in Politik und Wirtschaft lange verweigert.

Als kleine historische Reminiszenz sei im Übrigen daran erinnert, dass 1889 das Zentrum, unter Führung von Ludwig Windthorst, gegen durch Staatszuschüsse finanzierte Grundbeiträge bei der Einführung der Rentenversicherung stimmte, weil man damals verhindern wollte, dass bereits im Anfangsstadium das Versicherungsprinzip durchbrochen und vom Versorgungsprinzip verdrängt werde und so ein allzu mächtiger Staat seinen Fuß in der Tür des Hauses der Eigenverantwortung habe.

Nicht weniger dramatisch stellt sich die Situation unseres Gesundheitswesens dar. Die Gesamtausgaben der Gesetzlichen Krankenversicherung sind von 25 Milliarden DM im Jahre 1966 auf rund 300 Milliarden DM heute gestiegen. Gründe hierfür sind die immens steigenden Kosten für die High-Tech-Medizin und die höhere Lebenserwartung. Die Pro-Kopf-Behandlungsausgaben pro Jahr liegen bei den bis zu 40-Jährigen heute zwischen 2.000 und 2.500 DM, danach steigen sie rasant auf fast 7.000 DM bei den über 80-Jährigen an. Von daher war es verhängnisvoll, dass wir in den letzten Jahren Stillstand der Gesetzgebung erleben mussten, ohne die notwendige Vorsorge zu treffen, um ein menschenwürdiges Gesundheitswesen bezahlbar zu halten.

Ich vertrete ganz auf der Linie von Höffner den Standpunkt: Wer immer in Deutschland regiert, er muss den Mut aufbringen, in diesem sozialen Sicherungssystem neben dem Prinzip der Solidarität der Gemeinschaft gegenüber den Schwächeren stärker als bisher die Eigenverantwortung als zweite tragende Säule dieses Sozialsystems einzubauen. (…)

Damit komme ich zur zweiten Frage – nach der Not und Notwendigkeit einer an christlichen Werten orientierten Politik. So engagiert Kardinal Höffner für die Soziale Marktwirtschaft eintrat, so nachdrücklich hat er auch vor falschen Heilserwartungen eines Ökonomismus und dem Glauben an ein unbegrenztes Wachstum gewarnt. „Auch die größten sozialen Reformen“, so schreibt er ganz im christlichen Bewusstsein der Begrenztheit und Endlichkeit des Menschen, „vermögen die Sehnsucht des Menschen nach dauerndem Leben, bleibendem Glück und nie endender Liebe nicht zu stillen.“ Sinn und Heil des Menschen liegen nicht darin, sich in der Welt, in der Ökonomie, in der Politik, in der Arbeit oder in der Freizeit zu verlieren. Bei aller Bejahung der Welt solle und müsse sich der Mensch immer wieder bewusst machen, dass die Ökonomie selbst keine Ziele setzt und keinen Sinn stiftet. Was also gerade heute, wo der Primat der Ökonomie den Sieg davonzutragen droht, von uns mit Höffner in Zukunft zu fordern sein wird, das ist zugespitzt gesagt eine Kehre von der „ICH-AG" zur „WIR-Gesellschaft". Und hierfür tragen Staat und Gesellschaft gleichermaßen Verantwortung. Der freiheitliche Rechtsstaat und die offene Gesellschaft dürfen im eigenen Interesse das Prinzip des Pluralismus nicht mit Beliebigkeit verwechseln. Höffner insistierte zu Recht darauf: „Ein Staat, der keine sittlichen Grundwerte anerkennen, sondern sich mit einer irgendwie funktionierenden äußeren Ordnung begnügen wollte, würde zerfallen."

Diese Einsicht gilt im besonderen Maße für eine Europäische Union, die sich in den kommenden Jahren in erheblichem Ausmaße erweitern und vertiefen wird. Europa ist nicht nur eine Gemeinschaft der militärischen Sicherheit, der ökonomischen Freiheit und der rechtsstaatlichen Demokratie, sondern in erster Linie auch eine Gemeinschaft der Werte, wie sie in den 53 Artikeln der Grundrechtecharta auf dem EU-Gipfel in Nizza im vergangenen Jahr proklamiert worden sind. Diese Charta muss aber mit Leben erfüllt werden, wofür Höffner ein sehr schönes Bild gefunden hat: „In der römischen Campagna sind die Pfeiler der antiken Wasserleitungen nicht selten stehengeblieben, während die Bogen eingestürzt sind: ein Sinnbild des gegenwärtigen Zustands Europas. Es gilt, die verbindenden Bogen wieder herzustellen, damit das lebensspendende Wasser zwischen den Völkern und Kulturen Europas erneut fließen kann." Das ist weit entfernt von einer Politik der großen Gleichmacherei. Auch künftig muss Europa von Eigenverantwortung, Wettbewerb und Vielfalt geprägt sein. Auch hier hat uns Höffner den Weg gezeigt und auf den großen Europäer Thomas von Aquin hingewiesen, wonach gerade eine nivellierende Gleichschaltung die angestrebte Einheit zerstört, genauso wie Musik und Symphonie aufhören, wenn alle denselben Ton singen. Europa ist voller Vielfalt und viele Kräfte haben an Europa mitgebaut.

Für mich steht im Übrigen außer Zweifel, dass der christliche Glaube die identitäts- und einheitsstiftende Kraft Europas ausmacht. Es ist der Glaube an die Einmaligkeit jedes Menschen und seine unveräußerbare Menschenwürde. Weil von Gott geschenkt, steht der Mensch jenseits wissenschaftlicher, ökonomischer oder politischer Verfügbar- und Machbarkeit. Auf das Feld der Politik übertragen bedeutet dies eine hohe Verantwortung.

Höffner hat sich mehrfach mit Fragen der Forschung und der Technik – in der Bewertungspolarität von Dämonisierung und Humanisierung – befasst. Für ihn stellte die wissenschaftliche Erforschung und die technische Bewältigung der Naturkräfte keineswegs einen Widerspruch zum christlichen Weltbild dar, aber ihm war wichtig, dass die Technik ihr Ethos in der dienenden Ehrfurcht vor der Rangordnung der Werte findet und nicht in technische Besessenheit und in Materialismus ausartet. 1988 hat er sich in einer Stellungnahme zur künstlichen Befruchtung klar und unmissverständlich gegen das Vorhaben von „Kinder aus der Retorte“ ausgesprochen. Heute – nach der Entschlüsselung des DNA-Codes, den sich abzeichnenden Möglichkeiten der Präimplantationsdiagnostik sowie einer weit fortgeschrittenen Klonierungstechnologie – stehen wir in Staat und Gesellschaft am Scheideweg, ob wir uns noch als Geschöpfe Gottes betrachten oder uns zum Schöpfer von uns selbst machen wollen – machen dürfen? Das Zentralkomitee der deutschen Katholiken hat bereits im vergangenen Jahr zu einem gesamtgesellschaftlichen Diskurs über die ethischen Herausforderungen der Biomedizin aufgefordert – in vorausschauender Sorge, „dass die Vorstellungen vom perfekten, vitalen, stets jugendlichen und gesunden Menschen zunehmend Haltungen und Handlungen in unserer Gesellschaft bestimmen.“ Wir müssen diesen Diskurs ohne zeitlichen Entscheidungsdruck und mit der mutigen Entschlossenheit in dem Bewusstsein führen, dass das Fundament unserer Werteordnung auf dem Spiel steht, und dabei geben uns auch die Worte der Deutschen Bischofskonferenz eine wichtige Wegweisung.

Ich komme zum dritten Punkt, zum Verhältnis zwischen Staat und Kirche. Die Verquickung von Politik und Religion, von absolutem Wahrheitsanspruch und gemeinschaftsbildendem Sendungsbewusstsein kennzeichnet gerade die explosive Mischung des Fundamentalismus. Insofern ist die Eigengesetzlichkeit von Kirche, Staat und Gesellschaft unverzichtbar für den Bestand und das Funktionieren einer freiheitlichen Demokratie. Andererseits macht staatliche Macht nur Sinn, worauf Kardinal Höffner nicht müde wurde, hinzuweisen, wenn sie im Dienste der Ordnung und für das Gemeinwohl beansprucht wird. Dieses artikuliert sich aber nicht in einem werte- und sinnfreien Raum; mit unserem Grundgesetz haben wir keinen laizistischen Staat konstituiert.

Den Schock der Barbarei des Nationalsozialismus tief im Bewusstsein verankert, war für die Menschen der frühen Nachkriegszeit eine auf christlichen Werten fußende Politik, waren kirchliche Bindungen geradezu selbstverständlich. Mit wachsendem Abstand und wachsendem Wohlstand säkularisierten sich die gesellschaftlichen Verhältnisse und lockerte sich auch das enge Band zwischen Politik und Kirche.

Höffner selbst hat nie einen Gegensatz zwischen Christsein und politischem Engagement gesehen; spricht doch die Präambel unseres Grundgesetzes unmissverständlich von der „Verantwortung vor Gott und den Menschen“. Gegenüber katholischen Journalisten hat er einmal gesagt: „Der Christ darf nicht mürrisch am Zaun der Welt von heute stehen und ärgerlich zusehen, was da drinnen geschieht. Er muss über den Zaun steigen und handelnd und helfend mitten in der Welt von heute gegenwärtig sein, als Salz und Sauerteig.“ Er selbst hat sich auch nie hinter diesem Zaun versteckt oder aus seinem Herzen eine diplomatische Mördergrube gemacht. Immer dann, wenn er die christlichen Werte in Gefahr sah, hat er sich mit klaren und eindeutigen Worten engagiert in die Politik eingemischt, was ihm in einem Bundestagswahlkampf einmal harsche Kritik von Bundeskanzler Helmut Schmidt eingebracht hat. Den formalen Spielregeln eines religiös-weltanschaulich neutralen Staates folgend, war Höffner auch in verschiedenen öffentlichen Funktionen beratend tätig, so etwa für den Bund Katholischer Unternehmer, für das Ministerium für Arbeits- und Sozialordnung, das Ministerium für Jugend und Familie und das Ministerium für Städtebau und Raumordnung. Bundespräsident Karl Carstens hat über Höffner einmal gesagt, in ihm zeichne sich ein Mann der Kirche aus, „der Staat und Kirche nicht als Gegner, sondern als einander zugeordnet sieht. Beide sind aufgerufen, das Bonum Commune, das Gemeinwohl, zu verwirklichen im Dienste der Menschen."

Man mag heute sagen, Höffner habe es damals viel leichter gehabt – ich teile diese Auffassung nicht, denn es gehört immer Mut dazu, den christlichen Gestaltungsauftrag gegen den starken Strom eines bequemen Zeitgeistes wahrzunehmen und in die Tat umzusetzen. Dem Dienst am Menschen verpflichtet, das war es, was Kardinal Höffner auszeichnete. (…) Den Politikern hielt er mutig den „Spiegel" vor und forderte als Grundtugend Charakterfestigkeit, das heißt, auch gegen Widerstände seinen Grundsätzen treu zu bleiben und nicht dem flüchtigen Zeitgeist nachzulaufen. „Mehrheit", so Höffner, „ist kein Beweis für die Richtigkeit, und die Bundesrepublik Deutschland ist keine Fernseh-Demokratie." Wie wahr, so möchte man heute in einer von Einschaltquoten bestimmten Mediengesellschaft sagen. Von Höffner lernen heißt für Politiker, beharrlich für die rechte Sache kämpfen und auch im Sieg bescheiden bleiben – wissend, dass jeder Mensch Fehler macht und verführbar ist. Seinem Namenspatron, so Kardinal Höffner am Schluss eines Pontifikalamtes am 28. Dezember 1986, habe er viele Einsichten zu verdanken. Eine Grundwahrheit, so denke ich, ist eine Lehre, die wir auch und gerade in der Politik beherzigen sollten, sie lautet: „Richtig ist fast immer das Unzeitgemäße, nicht der Konformismus." In diesem Sinne ist und bleibt Joseph Kardinal Höffner ganz zeitgemäß – und ein Vorbild!

1.4 Politik als Beruf[4]

(...) Unser täglicher Blick in die Presse zeigt, dass Kritik an Politik und Politikern dort so sicher platziert ist wie der Fußball oder das Wetter, wobei die Schärfe der Kritik – der manchmal auch ungerechten Kritik – auch zusammenhängt mit einem immer härteren Wettbewerb um Aufmerksamkeit in einer Mediengesellschaft, die von der Erfahrung bestimmt wird, dass nur eine schrille schlechte Nachricht eine gelungene gute Nachricht sei. In mehr oder weniger fetten Schlagzeilen werden Affären und Skandale, werden Klüngel und Korruption quer durch das Alphabet dekliniert – das beginnt bei A wie Abfindungen und Absprachen, geht über B wie Bestechungsgelder und Bonusmeilen, D wie Dienstwagen und Diätenerhöhungen, geht über P wie Parteispenden und Parteisoldaten und endet schließlich beim Z wie Zentralismus und Zahlungsunfähigkeit. Bei mancher Kritik in Schlagzeilen, Talkshows und Kommentaren – und dabei ist manche Heuchelei im Spiel – kann man schon von einer kaum noch steigerungsfähigen Betroffenheitskultur sprechen.

Auf der anderen Seite ist Politik, sind Politiker am derzeitigen Ansehensverlust nicht schuldlos. Selten hat es eine Entwicklung gegeben, bei der die Handhabung der politischen Führung bei Umfragen unter den Bürgern die Werte für Glaubwürdigkeit, Problemlösungsfähigkeit und Gemeinwohlorientierung von Po-

---

[4] Vortrag auf einer Tagung der Akademie der Konrad-Adenauer-Stiftung anlässlich des 70. Geburtstages von Ministerpräsident Dr. Bernhard Vogel in Berlin am 16. Januar 2003

litikern so kontinuierlich hat sinken lassen. Speziell gegenüber der Bundesregierung verfestigt sich der Eindruck in weitesten Schichten der Bevölkerung, dass ihr die Konzeption fehlt, die Perspektive, das Koordinatensystem und der Kompass. Das wiederum führt, weil das Vorbild, die Perspektive, die Führung nicht erkennbar ist, in der Bevölkerung selbst zu einer wachsenden Sympathie für unseren Nationalheiligen Sankt Florian und schwächt die Bereitschaft zur Gemeinwohlorientierung auch unter den Bürgern. Beim Thema „Politik als Beruf" stellt sich also auch die spannende Frage nach der politischen Führung: Was muss und was kann diese leisten?

Als Max Weber im Revolutionsjahr 1918/19 vor dem Münchner Freistudentischen Bund seine berühmte Rede „Politik als Beruf" hielt, tat er es mehr, um den Revolutionär Kurt Eisner am Reden zu hindern, und weniger, um einen Fürstenspiegel für nachfolgende Politikergenerationen zu liefern, er tat es vor dem Hintergrund eines radikalen politischen Umbruchs und einer zunehmenden Gesinnungspolemik, und er tat es in dem schmerzhaften Bewusstsein einer fortschreitenden bürokratischen Rationalisierung, die seiner Einschätzung nach in einer „Entzauberung" aller Lebensverhältnisse münden würde, womit für Max Weber das Ende des Idealtypus eines Politikers verbunden war, der als autonomes, moralisches Subjekt Werte schafft und Welt gestaltet.

Wenn wir heute, im Abstand von fast einem Jahrhundert, auf Politik und Politiker reflektieren, dann tun wir es vor dem Hintergrund von 50 Jahren Grundgesetz, 50 Jahren Demokratie, 50 Jahren Wohlstand, 50 Jahren Frieden, 50 Jahren Freiheit und über 10 Jahren Deutsche Einheit, aber wir tun es auch mit Blick auf ganz neue Herausforderungen; ich nenne hier nur einige Stichworte: den Prozess der Einigung Europas, die ökonomischen und sozialen Folgen der Globalisierung, den wachsenden Organisationsgrad von Verbrechen und Terrorismus, die Bedrohungen durch Raubbau und Verschmutzung unserer natürlichen Ressourcen, die schwer abschätzbaren Risiken der modernen Bio- und Gentechnik, den beschleunigten Wandel aller Lebensverhältnisse durch eine fortschreitende Digitalisierung.

Ich will nicht bestreiten, dass die Rahmenbedingungen heute andere sind als zur Zeit der Analyse von Max Weber, und ich will auch nicht bestreiten, dass uns die erhoffte Befreiung aus der Bürokratisierungsfalle der Politik durch eine charismatische Führung fremd ist, aber: Webers Kernforderungen an jene Eliten, die – wie er sagte – ihre „Hand in die Speichen des Rades der Geschichte legen" dürfen, sind bis auf den heutigen Tag richtig und gültig, nämlich: Leidenschaft, Verantwortungsgefühl, Augenmaß! Danach muss damals wie heute ein Politiker leidenschaftlich und zugleich selbstkritisch bei der Sache sein, denn die Sache ist nicht er, sondern die res publica, und Politik wird, wie Max Weber richtig bemerkte, „mit dem Kopf gemacht, nicht mit anderen Teilen des Körpers oder der Seele". Die latente Gefahr, wie Max Weber notierte, der ein Politiker ausgesetzt ist, „zum Schauspieler zu werden", und sein ganzes Handeln nach dem erzielten „Eindruck" auszurichten, diese Gefahr ist in unserer Zeit, in der die Medien, vor allem die Bildmedien, eine beherrschende Rolle eingenommen haben, zu einer ernst zu nehmenden Bedrohung für jede nachhaltige Politik geworden.

Wenn in der modernen Berufsforschung heute immer wieder auf so genannte Schlüsselqualifikationen hingewiesen wird, dann können wir für unser Thema hieraus die Erkenntnis gewinnen, dass eine Reflexion auf „Politik als Beruf" immer zwei Seiten im Auge haben muss, nämlich Schlüssel und Schloss, also Politik und Politiker. Das möchte ich entlang von drei meiner Meinung nach zentralen politischen Fragen zur Diskussion stellen:

- Was erwarten die Menschen heute von der Politik, und was kann die Politik leisten?
- Was erwarten die Menschen heute von Politikern, und was können Politiker leisten?
- Was geht allen Erwartungen und Leistungen voraus?

Wer wollte ernsthaft leugnen, dass die Erwartungen an die Politik ganz wesentlich geprägt sind durch die Versprechungen, die Politiker geben. Solange Politik als „Kunst des Möglichen" begriffen, praktiziert und vermittelt wurde, solange ließen sich Erwartungen und Leistungen – zumeist als „second best" Lösungen – in einem relativ stabilen Gleichgewicht ausbalancieren. Es gehörte zur handwerklichen wie berufsethischen Professionalität eines Politikers, immer auch die Grenzen politischer Problemlösungskompetenz aufzuzeigen. Was sich aber als möglich und machbar erwies, das galt es auch möglich zu machen. Eine so verstandene Realpolitik hielt klugerweise Distanz gegenüber allen Versuchen ihrer Indienstnahme, sei es als Erfüllungsgehilfe von Utopien oder sei es als Ersatzmedium für eine verloren gegangene Glaubensheimat. Darum gehörte und gehört untrennbar zum Berufsethos eines Politikers Wahrhaftigkeit in der Analyse des Notwendigen und Ehrlichkeit in der Vermittlung des Machbaren. Aber zur handwerklichen Qualität des professionell Politischen gehört es weiter, dass als richtig, notwendig und möglich erkannte auch umzusetzen, wenn nötig, auch gegen den Widerstand partieller Interessen. Wer den Konsens dieses Politikverständnisses – zumeist aus kurzfristigen opportunistischen Überlegungen heraus – aufkündigt, gerät auf eine Rutschbahn unbegrenzter Begehrlichkeiten, die spätestens dann, wenn sie über entsprechendes Wachstum nicht mehr zu finanzieren sind, in eine politisch schwer zu kontrollierende Talfahrt führt. (...)

Die Politik hat sich im Zuge der Realisierung des politischen Versprechens eines expandierenden Wohlfahrts- und Sozialstaates allzu leichtgläubig immer neue Zuständigkeiten zuschreiben lassen und auch selbst zugeschrieben, mit der Folge einer wachsenden Verstaatlichung und eines wachsenden Apparates, der im Umkehrschluss in wachsendem Maße heute selbst Einfluss auf die Politik nimmt. Die Politik permanenter Forderungen mündete in eine Politik der nicht zuletzt selbstverschuldeten Selbstüberforderung. Der Konstanzer Verwaltungsrechtler Thomas

Ellwein hat schon vor Jahren zu Recht darauf hingewiesen, dass im politischen Diskurs mit anspruchserhebenden Gruppen nicht die Ansprüche reflektiert würden, sondern, wenn denn die Mittel nicht aufzubringen seien, lediglich bedauernd festgestellt werde, nur „die Umstände ließen eine Befriedigung der Ansprüche nicht zu". Es wird nach dieser Fehlentwicklung von Erwartungen und Leistungen von Staat und Politik nicht leicht fallen, politisch klarzumachen, dass Staat und Politik keine Wunschbefriedigungsmaschinen sind, aber es macht gerade die Professionalität eines Politikers aus, in Verantwortung auch gegenüber der Zukunftsfähigkeit von Staat und Politik, mit Leidenschaft und Augenmaß den Bürgern reinen Wein einzuschenken, Klartext zu reden, also zu sagen, was Politik soll und kann und was nicht, was notwendig und machbar ist und was nicht, also eine ehrliche und verlässliche Perspektive zu bieten. Und ich füge hinzu, dass diese Politik in Berlin und nicht in Karlsruhe gemacht werden muss!

Bescheidenheit und Begrenzung der Politik sind aber noch aus ganz anderen Gründen an der Zeit: Heute stehen wir vor der Bewältigung eines weiteren schmerzhaften Prozesses, einer von externen Prozessen aufgezwungenen neuen Rollenverteilung zwischen den tragenden Subsystemen unserer Gesellschaft – zwischen Ökonomie und Politik, zwischen Nationalstaat und Supranationalen Institutionen, zwischen staatlichen und nichtstaatlichen Organisationen. Politik und Staat heute werden von außen wie von innen gezwungen, sich auf die eigentlichen Kernaufgaben zu konzentrieren. Darin liegt aber eine doppelte Chance, zum einen sich von Staatsballast zu befreien, also die Staatsquote zu senken, zum anderen den gut begründeten Forderungen der Bürgergesellschaft nach Mitgestaltung und Eigenverantwortung in einer neu zu entwickelnden Partnerschaft gerecht zu werden.

Ein anderer Aspekt der Erwartungen an und Leistungen von Politik betrifft die Verwischung der Grenzen von Inhalt und

Form. Hier hat die Medien- und Spaßgesellschaft tiefe Spuren hinterlassen. Das öffentliche Ringen um die besseren Argumente verkommt immer öfter zu einem personalisierten Showkampf um den ersten Preis der moralischen Entrüstung. Die Kunst der Inszenierung von Politik überflügelt die Kunst der Politik selbst, und mediale Kompetenzen der Selbstinszenierung werden immer wichtiger, wie die Auswertung der Kanzlerduelle einmal mehr gezeigt hat. Eine Gefahr rein symbolischer Politik liegt darin, dass der Kredit öffentlichen Interesses an Politik für kurzhubige persönliche Erfolge verspielt wird. Am Ende dieser mehr auf „Schein" ausgerichteten Politik steht eine „Kulissendemokratie" und es droht ein radikaler Vertrauensverlust. Das aber kann von niemandem ernsthaft gewollt sein. Hier gegenzusteuern ist auch ein gutes Stück politischer Bildungsarbeit.

Ich komme zu meiner zweiten Frage, der Frage nach denen, die Politik denken und gestalten. An der ideengeschichtlichen Wiege unserer Demokratie stand der Gedanke Pate, an der Gestaltung des Zusammenlebens der Menschen sollten alle mitwirken können, ja alle mitwirken müssen – also keinesfalls eine exklusive Veranstaltung für Expertokraten oder Technokraten. Nun wird niemand in Kenntnis unseres hoch differenzierten und komplexen Gemeinwesens ernsthaft die Notwendigkeit von Professionalität in der Wahrnehmung von politischer Verantwortung bestreiten wollen, streitig ist freilich die Frage, was unter Professionalität zu verstehen ist. Zum einen gehört hierher sicherlich die Einsicht, dass in einer von Wissen und Technik bestimmten und zunehmend komplexer werdenden Gesellschaft Fachwissen für das effiziente Funktionieren unserer Demokratie unverzichtbar ist. Zum anderen gehören hier Erfahrungen in und mit Organisationen des Staatsaufbaus und des organisierten Interesses und deren Kommunikationskultur, die dem politischen Gestaltungswillen erst den Weg frei machen zu einem tragfähigen, das meint mehrheitsfähigen Konsens und damit zum Erfolg – dies verbunden mit dem notwendigen Maß an

Routine und Kontinuität von Politik. Zum dritten haben wir zu Recht ein Parteienprimat – so wie das Bundesverfassungsgericht vom „Parteienstaat" gesprochen hat, wo vorrangig Parteien zu politischen Willensbildungen beitragen. Aber dieses Parteienprimat muss und sollte offen sein für Quereinsteiger, damit wir – stärker als bisher eine gesunde, will heißen repräsentative, Mischung verschiedener Qualifikationen und Biographien von Politikern in den Stadträten und Parlamenten haben. Wenn wir aber mehr Repräsentativität haben wollen, dann müssen wir die rechtlichen und ökonomischen Rahmenbedingungen verändern und verbessern, die den Wechsel in die „Politik als Beruf" möglich und attraktiv machen. Der jetzige Zustand, dass die tragenden Säulen von Wirtschaft und Gesellschaft, der Mittelstand und die freien Berufe, im Parlament nur unzureichend vertreten sind, kann von niemanden gewünscht und gewollt sein – doch wohl auch nicht von den Medien, die sich oftmals nur oberflächlich mit den Rahmenbedingungen der politischen Arbeit oder mit der Höhe der Diäten beschäftigen. Umgekehrt müssen sich aber auch die externen Eliten fragen lassen, wie sie es mit ihrem Engagement und ihrer Berufsethik halten: Wenn ein ehemaliger Vorstandsvorsitzender einer berühmten deutschen Automarke erklärte, er sei gerne bereit, Regierender Bürgermeister zu werden, aber nicht bereit, Wahlkampf zu machen, dann ist ein solches Demokratieverständnis ein im wörtlichen und übertragenen Sinne wenig Hoffnung gebendes Versprechen. Dazu fällt mir ein Hinweis meines geschätzten Kollegen Professor Rupert Scholz ein, der in einem Aufsatz über „Berufspolitiker oder Politik als Beruf?" die „Wiederbesinnung auf die Notwendigkeit eines Politikverständnisses" gefordert hat, das sich nicht in organisationspolitischer, innerparteilicher Professionalität erschöpfe, sondern Politik wieder und definitiv als Beruf im Sinne von Berufung begreife. Und hier würde ich jedem jungen Menschen, der Politik zum Beruf machen möchte, raten, der Berufung folgen ja, aber „Politik als Beruf" zu planen nein. Ich selbst bin … am Ende zu einem Berufspolitiker geworden, aber als ich meine politische Laufbahn begonnen habe, habe ich im Traume nicht daran gedacht, dies als Lebensstellung zu sehen. Das hat sich im Laufe der Zeit erst viel später und aus den Umständen so ergeben, war aber zu keinem Zeitpunkt das Resultat einer rationalen Kalkulation.

Aber wenn es um die Besetzung von Positionen mit professionell wahrgenommener politischer Verantwortung geht, müssen sich nicht nur die Parteien in Richtung auf mehr Pluralität und mehr Wettbewerb der Besten öffnen, auch der Prozess der politischen Willensbildung insgesamt muss mehr Wettbewerb zulassen. Das heißt, der politische Raum außerhalb von Parteien, was wir heute gerne Bürgergesellschaft nennen, muss gefördert und in die Entscheidungsfindung einbezogen werden. Nach Artikel 21 Absatz 1 Grundgesetz haben die Parteien kein Monopol auf die politische Willensbildung – sie sind „nur" – und das ist keine kleine Aufgabe – Mitwirkende. Hierzu gehört auch, sich als ein Kommunikationsforum anzubieten für den Dialog aller Mitspieler. Nun darf der Gedanke der Bürgergesellschaft sicherlich nicht überdehnt und nicht überfordert werden, denn unbestritten ist auch, dass hochkomplexe Gesellschaften Organisationsformen der Koordinierung und Focussierung von pluralistischen Interessen brauchen. Gerade aber mit Blick auf den Prozess der Europäisierung und Globalisierung wird es darauf ankommen, dass die kleinen föderalen Einheiten in einer neuen Aufgabenverteilung Verantwortung übernehmen und Identität bewahren. Vieles von der erschreckend weit verbreiteten Ahnungslosigkeit über die wirkliche Beschaffenheit unseres politischen Systems, wie es der renommierte Parteienforscher Werner Patzelt unlängst herausgefunden hat, ließe sich gerade durch eine Stärkung der Bürgergesellschaft und des Föderalismus abbauen. Das kann, muss aber nicht immer plebiszitäre Elemente beinhalten. Die meisten Bundesländer haben heute plebiszitäre Elemente und sie haben durchweg gute Erfahrungen damit gemacht. Im Umkehrschluss muss dies für die Entscheidung auf

Bundesebene nicht richtig sein. Für die „Politik als Beruf" bedeutet dieser Gedanke aber auf jeden Fall ein Stück weit Entberuflichung und zugleich die neue Kompetenz, professionell mit dem Nichtprofessionellen umzugehen.

Der angedeutete Wandel der Erwartungen an Politik und Politiker, und damit komme ich zur dritten Frage, und an das, was sie leisten können und sollen, hat in jüngster Vergangenheit einige pessimistische Stimmen dazu bewegt, vom Ende der Politik zu sprechen. Der Münchner Althistoriker Christian Meier hat entsprechend in seinen gerade veröffentlichten „Betrachtungen zur Lage der Geschichte" darauf hingewiesen, dass in einer grenzenlos werdenden Welt gegenseitiger Abhängigkeiten das politische Handeln an historischem Gewicht abnehme und damit die Gefahr drohe, dass man, „wo man die Gesellschaft nicht mehr verändern könne, es nun mit den Menschen versuche!" Ich halte dagegen, und das gilt im besonderen Maße für die wild wuchernden Utopien in Verbindung mit der Gen- und Biotechnologie: Wer sonst als der homo politicus selbst entscheidet darüber, was er aus sich macht, aus sich machen lässt – jedenfalls dann, wenn er über den Tag hinaus denkt, den eingangs erwähnten inneren Dialog führt, und vor allem auf den Wertekompass schaut. Für einen christdemokratischen Politiker heißt das, sich auf das christliche Menschenbild zu besinnen. Daraus lassen sich für die „Politik als Beruf" zwei handlungsleitende Einsichten ableiten: Zum einen gehört es zum Kern christlichen Glaubens, dass der Mensch unvollkommen ist und sich vor der Hybris menschlicher Allmacht hüten soll. Es kann darum auch in der Politik nicht um letzte Ziele gehen. Zum anderen gehört es ganz wesentlich zum personalen Selbstbild, dass der Mensch in moralischer Freiheit und Verantwortung entscheiden kann und muss. Erst mit dem Ende dieser Freiheit wäre das wahre „Ende der Geschichte", das reale „Ende der Politik" erreicht. Wer also Politik zum Beruf macht, der steht in der großen Verantwortung, diese Freiheit der Selbstbestimmung zu bewahren. Sich hierüber immer wieder neu

Rechenschaft abzulegen, das wäre dann der zur politischen vita activa komplementäre Part der politischen vita contemplativa.

Wann was zu tun ist, dafür gibt es keinen vorgedruckten Terminkalender. Wir kennen alle die biblische Weisheit, alles hat seine Zeit – nicht anders ist es in der Politik: Zeit zum Reden, Zeit zum Handeln, Zeit zum Denken. Für mich persönlich war die geglückte Deutsche Einheit eine der ganz großen Erfahrungen, verbunden mit der politischen Lehre, dass es darauf ankommt, zum richtigen Zeitpunkt nicht nur das Richtige zu erkennen, sondern das Richtige auch gegen den Widerstand durchzusetzen. Zur politischen vita activa gehört es, eine sich bietende historische Chance zu ergreifen. Das Zeitfenster der Wiedervereinigung war damals sehr eng. Viele haben damals gesagt, und einige sagen noch heute: Das sei alles viel zu schnell gegangen. Wer dies sagt, vergisst, dass die Menschen der DDR die Einheit schnell wollten, er vergisst, dass der Übersiedlerstrom, der die DDR ausblutete, mit der Ausreisefreiheit für die Flüchtlinge in den Botschaften nicht aufhörte, nicht aufhörte mit dem Fall der Mauer und nicht mit der Öffnung des Brandenburger Tores, sondern erst, als mit dem Angebot der D-Mark und dem der Wirtschafts- und Währungsunion die Menschen die konkrete und schnelle Perspektive der deutschen Einheit erkannten. Den Mantel der Geschichte zu ergreifen, ist also nicht nur eine Frage dessen, was die Griechen „kairos" nannten, sondern unabdingbar auch eine Frage der Entschlossenheit.

Dass auch die vita contemplativa zu ihrem Recht kommt, dabei können die Parteien, insbesondere aber die politischen Stiftungen helfen, indem sie dem hektischen Tagesgeschäft Freiräume abtrotzen, frei von der Kurzatmigkeit des Parlamentsbetriebes und frei von einer die mediale Wirkung abfragenden Selbstzensur. Politik muss die Chance haben, einmal mehr sein zu dürfen als das, was sich zwischen chat und container vermitteln, verstehen und verhandeln lässt. Den Wettlauf mit den immer schnelleren Bildern im Web wird die Politik ohnedies nicht gewinnen können, denn der Unterhaltungswert von Politik wird allemal geringer sein als der, den Events wie Madonna oder Harry Potter haben. Insofern steht auch in Zukunft einer politischen Reflexion nichts im Wege, es sei denn, wir selbst sind es. Vor diesem Hintergrund sage ich der Konrad-Adenauer-Stiftung, der ich mich seit Jahrzehnten verbunden fühle, ganz herzlichen Dank, die diesen Anspruch nie in Frage gestellt und diese politische Kultur nachhaltig gepflegt hat.

1.5 Die Würde des Menschen ist unantastbar[5]

Der große Humanist Albert Schweitzer hat einmal in einer berühmten Fastenpredigt das Fundament aller Sittlichkeit die „Ehrfurcht vor dem Leben" genannt und dazu aufgerufen „Gut bleiben heißt wach bleiben!" Fastenzeiten in der Urkirche nannte man Stationen, was so viel heißt wie Wachposten. Es galt, wach zu werden, wach für das Wesentliche, vor allem aber wach für Gott. Diese Grundwahrheit ist heute nicht weniger aktuell und richtig als damals. Das Fasten, was wir heute auch von der Medizin bestätigt finden, hat eine heilende Kraft, nicht nur für unseren Leib, sondern gerade auch für unsere Seele. Das Fasten gibt, wie schon der Heilige Athanasius wusste, „dem Geist größere Klarheit", es öffnet den Weg zur inneren Freiheit und macht den Blick frei für die tragenden Werte, auf die wir uns immer wieder neu besinnen müssen, die wir immer wieder neu befestigen müssen, um nicht in den Wirren des Alltags und den Moden des Zeitgeistes unseren inneren Grund zu verlieren, halt- und orientierungslos zu werden.

Das gilt im geistlichen wie im politischen Leben. Insofern bin ich heute sehr gerne in den Hohen Dom zu Münster gekommen, um vor dem Hintergrund meiner 33-jährigen Erfahrung als

---

[5] Geistlicher Themenabend zur Fastenzeit im Hohen Dom zu Münster am 31. März 2004

Mitglied des Deutschen Bundestages und als christlich geprägter Politiker über ein solches Fundament, über Artikel I unseres Grundgesetzes „Die Würde des Menschen ist unantastbar“, zu sprechen. (…)

Wie gehen wir heute um in der Politik und im staatlichen und gesellschaftlichen Leben mit unseren Mitmenschen, mit Krankheiten und Behinderungen, mit dem ungeborenen Leben, mit dem Sterben, was verstehen wir unter menschenwürdigem Leben, unter Solidarität und Gerechtigkeit und was halten wir von christlicher Verantwortung in der Welt?

Zunächst ein Blick zurück: Als 1949, vier Jahre nach dem Kriege, der neue deutsche demokratische Staat Bundesrepublik Deutschland geschaffen wurde, standen die Menschen unter dem Schock der Erfahrungen des Nationalsozialismus, der Rechtlosigkeit der Menschen und einer Politik, die die Würde des Menschen mit Füßen getreten hatte. Gott war im Dritten Reich geleugnet worden, viele Christen verfolgt. Der neue deutsche Staat sollte, lernend aus den Schrecklichkeiten der Vergangenheit, ein anderes Gesicht bekommen, demokratisch, freiheitlich, friedlich, sozial. Deswegen sprachen die Väter und Mütter des Grundgesetzes, als sie dem neuen Staat eine Verfassung gaben, vom Bewusstsein der Verantwortung vor Gott und den Menschen und formulierten in Artikel 1 des Grundgesetzes: „Die Würde des Menschen ist unantastbar. Sie zu achten und zu schützen ist Verpflichtung aller staatlichen Gewalt.“

Als dann 1990 die deutsche Wiedervereinigung kam, wurde dieser Artikel des Grundgesetzes auch von den erstmals frei gewählten Abgeordneten der Volkskammer in der ehemaligen DDR unverändert übernommen – in Erinnerung daran, dass auch der SED-Staat ein totalitäres System war, ein Einparteienstaat ohne Gewaltenteilung, ohne Pluralismus, mit Bespitzelung, politischer Unterdrückung und der totalen Zwangserfassung der Menschen bis hinein in ihre Privatsphäre – auch in Bautzen wurde gefoltert. Deswegen war auch für die Menschen in der

DDR so wichtig, dass es eine Verfassung gab, in der die Würde des Menschen als unantastbar dargestellt wurde.

Heute nun können wir auf die zweite Hälfte des 20. Jahrhunderts zurückblicken mit einem großen Gefühl der Dankbarkeit – für die wohl friedlichste und freiheitlichste Epoche in der deutschen Geschichte. Über 50 Jahre Leben in einem demokratischen Rechtsstaat, in dem die Menschenrechte geachtet werden, die Würde des Menschen respektiert und unser Sozialsystem immer stärker ausgebaut wurde. Dennoch: Zur Demokratie gehört die Wachsamkeit der Demokraten – in Deutschland, in Europa, in der ganzen Welt.

In Deutschland hat uns jahrelang das Thema „Schutz des ungeborenen Lebens" beschäftigt. Der Deutsche Bundestag hat mit Mehrheit gesetzliche Regelungen beschlossen, die bei vielen Christen auf Besorgnis und Ablehnung gestoßen sind; ein erstes Gesetz wurde vom Bundesverfassungsgericht aufgehoben. Menschliches Leben beginnt mit der Verschmelzung von Ei und Samenzelle. Deshalb ist die Tötung menschlicher Embryonen ethisch nicht vertretbar. Aktuell wird diese Frage erneut auf Grund der bisherigen Erfahrungen mit dem Schwangeren- und Familienhilfe-Änderungsgesetz, das nach Auffassung vieler Abgeordneter dem Schutz behinderten, ungeborenen Lebens nicht entspricht und auch nicht den verfassungsrechtlichen Anforderungen. Es geht um die so genannten Spätabtreibungen, insbesondere die Schwangerschaftsabbrüche bei zu erwartender Krankheit oder Behinderung des Kindes, zum Teil bis unmittelbar vor dem Zeitpunkt der Geburt. Die Kirchen warnen: Es dürfe nicht erlaubt sein, einen Schwangerschaftsabbruch bei zu erwartender Krankheit oder Behinderung des Kindes stillschweigend unter die medizinische Indikation zu subsumieren und damit zu legalisieren. Wenn eine Klärung anders nicht zu erreichen ist, dann muss sich der Deutsche Bundestag erneut mit dieser Frage befassen und eine Novellierung des § 218 StGB vornehmen. Die Würde auch des ungeborenen Lebens ist unantastbar.

Ein zweites Beispiel: Das britische Unterhaus verabschiedete ein Gesetz, das Forschern den Weg zum Klonen von Embryonenstammzellen ebnet. Ziel der Gesetzesänderung soll es sein, embryonale Zellen für die medizinische Forschung zu nutzen im Sinne eines so genannten therapeutischen Klonens. Beim so genannten therapeutischen Klonen wird menschliches Leben, also ein Embryo, „erzeugt" und sogleich wieder getötet, um es zu „verbrauchen". Der Weg vom therapeutischen zum reproduktiven Klonen ist aber nicht weit: Großbritannien könnte weltweit das erste Land werden, in dem das Klonen menschlicher Zellen erlaubt wird. Der Alptraum der Züchtung von Menschen könnte dann in greifbare Nähe rücken. Wir würden Gefahr laufen, dass der Mensch zum bloßen Objekt von Forschungs- und Wirtschaftsinteressen wird. Das christliche Verständnis vom Menschen setzt der Anwendung des technisch Machbaren jedoch Grenzen, die nicht überschritten werden dürfen. Die Welt aus christlicher Verantwortung mit zu gestalten heißt, die Würde des menschlichen Lebens in allen Phasen seiner Entwicklung zu schützen und zu bewahren.

Wir haben im Deutschen Bundestag eine umfassende Diskussion geführt über diese Problematik, über Gentechnik und Bioethik, über verbrauchende Embryonenforschung, über den Import embryonaler Stammzellen. Ich selbst habe im Deutschen Bundestag einem Antrag zugestimmt, in dem die Bundesregierung aufgefordert wurde, sicherzustellen, dass der Import von Stammzellen, die aus menschlichen Embryonen gewonnen worden sind, nicht zugelassen wird, und ich finde mich mit dieser meiner Position voll wieder in den Beschlüssen auch der katholischen Bischofskonferenz.

Erschwerend hinzu kommt, dass wir heute nicht mehr nur über nationales Recht beraten, sondern eingebunden sind in die Europäische Rechtsordnung. So hat sich im November letzten Jahres das Europäische Parlament mit großer Mehrheit für die Förderung der Forschung an überzähligen menschlichen Embryonen ausgesprochen.

Ein drittes Beispiel: In den Niederlanden hat das Parlament mit großer Mehrheit ein Gesetz beraten, das schlagwortartig als Euthanasiegesetz bezeichnet wurde. Ziel dieses Gesetzes ist es, einen legalen und geregelten Weg zur Tötung durch den Arzt zu ermöglichen. Die Niederländer würden mit Recht dagegen protestieren, wenn dieses Gesetz in die Nähe früherer Euthanasiegesetze gebracht würde. Der Begriff Euthanasie kommt ja aus dem Griechischen und bedeutet soviel wie guter Tod. Die Kirchen sprechen in diesem Zusammenhang jedoch von aktiver Sterbehilfe, die nichts anderes als die absichtliche Tötung eines Menschen darstelle. Diesen Weg dürfen wir nicht gehen, er ist mit der Würde des Menschen unvereinbar. Wir dürfen das Ende des menschlichen Lebens nicht bestimmen. Beides steht außerhalb menschlicher Verfügung. Ein Menschenleben ist unantastbar.

Aber es gibt auch in Deutschland solche Stimmen, die der aktiven Sterbehilfe das Wort reden. Aus Untersuchungen wissen wir, dass dem zunehmenden Wunsch nach legalisierter Euthanasie im Kern Angst zugrunde liegt, die Angst vor unerträglichen Schmerzen, die Angst vor entmündigender Apparatemedizin, die Angst vor menschlicher Vereinsamung, die Angst vor einem unwürdigen Tod. Tod und Sterben haben wir heute weitgehend aus unserer Lebenswelt verdrängt und tabuisiert. Tod und Sterben erleben wir zwar tagtäglich als Medienereignis, aber wenn wir todkranke Menschen nicht aus der Ferne sehen, sondern ihnen ganz nah und persönlich begegnen, dann fühlen sich immer mehr Menschen überfordert und spüren Angst. Wenn wir aber unser Recht auf ein menschenwürdiges Sterben ernst nehmen, dann müssen wir rechtzeitig wieder lernen, mit dem Sterben menschlich umzugehen.

Dieser Grundidee hat sich in Deutschland in besonderer Weise die Hospiz-Bewegung verschrieben. Ein Hospiz war ursprünglich eine einem Kloster angehörige Herberge für Pilgerreisende auf ihren Weg zum Wallfahrtsziel. Die Gastfreundschaft eines Hospizes wollte aber mehr bieten als nur Unterkunft und Verpflegung, sie zielte auf die Gemeinschaft im Geiste des Herrn. In diesem umfassenden Sinne wollen die modernen Hospize eine Herberge sein für Menschen auf ihrer letzten Reise. Ihr Grundsatz lautet: Sterben ist keine Krankheit, sondern Teil des Lebens. Konkret geht es um eine menschenwürdige, weitgehend selbstbestimmte letzte Lebenszeit: Zuhause, im Krankenhaus, im Pflegeheim, im stationären Hospiz – wo immer Menschen sterben.

Ängste können abgebaut werden, wo Menschen sie aussprechen können und wo Menschen sich auf die Ängste anderer einlassen. Dazu ist Zeit nötig, Zeit, die in der Pflege oft nicht bleibt. Menschen, die sich ehrenamtlich engagieren nehmen sich diese Zeit. Pflegende Angehörige zu entlasten, Gesprächspartner zu sein für den Kranken oder einfach dazusein – das ist ihr Angebot. Sie ergänzen so die Arbeit der Krankenpflege, der Medizin und der Seelsorge. (…)

Die Würde des Menschen ist unantastbar. Wer dieses Wort ernst nimmt, muss eintreten für ein menschenwürdiges Leben der Kranken und Pflegebedürftigen – ein Problem, das bei der steigenden Lebenserwartung und bei der immer größeren Zahl von Pflegeheimen immer dramatischer wird; muss eintreten für die Integration Behinderter in die Gesellschaft, auch in das Berufs- und Arbeitsleben; muss kämpfen gegen Arbeitslosigkeit, denn Arbeit bedeutet nicht nur Broterwerb, sondern gehört zum Leben eines Menschen dazu, zu seiner Selbstverwirklichung, zu seiner Würde. Eine Gesellschaft, die die Würde des Menschen achtet, ist eine Gesellschaft mit menschlichem Gesicht. Das Antlitz unserer Gesellschaft wäre nicht menschlich, wenn junge Menschen keinen Ausbildungsplatz fänden, wenn wir uns abfänden mit Arbeitslosigkeit, wenn unsere Gesellschaft geprägt würde von Ausländerhass oder Ausländerfeindlichkeit. Und so lange Millionen Menschen der Dritten Welt an Hunger und Krankheit und Unterernährung sterben, wird die Würde des Menschen mit Füßen getreten. Die Wanderung von Flüchtlingsströmen kommt ja nicht von ungefähr, sondern sie hat zu tun mit Kriegen, mit Bürgerkriegen, mit politischer Verfolgung, mit Misswirtschaft und ökologischen Katastrophen. Hier stehen die reichen wohlhabenden Länder des Westens in einer besonderen Verantwortung.

Ich will auch aus meiner jüngsten Erfahrung als Präsident des Deutschen Roten Kreuzes berichten. Wir haben ja in Deutschland viele Hilfsorganisationen, viele wichtige Sozial- und Wohlfahrtseinrichtungen, die eine unverzichtbare humanitäre Arbeit verrichten – für Arme, Kranke, Verwundete. Ich nenne die Caritas, die Diakonie, den Malteser-Hilfsdienst, die Johanniter-Unfallhilfe, die Arbeiterwohlfahrt, den Deutschen Paritätischen Wohlfahrtsverband und natürlich auch und gerade das Rote Kreuz mit seinen 4,6 Millionen Mitgliedern und seinen über 300.000 ehrenamtlichen Helferinnen und Helfern. Gäbe es diese Ehrenamtlichen nicht, so wäre unser Land um vieles ärmer. Die Arbeit dieser Organisationen ist aber auch wichtig mit Blick auf die genannten Probleme in der Dritten Welt. Die Erdbebenkatastrophe im Iran hat in einer beeindruckenden Weise eine große Spendenbereitschaft der deutschen Bevölkerung zur Folge gehabt, was diese auszeichnet – und die deutschen Hilfsorganisationen konnten schnelle Hilfe leisten. Allein das Rote Kreuz stellt im iranischen Erdbebengebiet mit seinen Gesundheitsstationen und einem eigenen, schnell aufgebauten Krankenhaus die gesundheitliche Versorgung von 240.000 Menschen sicher. Aber auch im Irak ist das Rote Kreuz vertreten – bei der Errichtung von zwei Ausbildungszentren für Minenopfer, einer Kinderklinik in Hillah, südlich von Bagdad und beim Aufbau eines Krankenhauses in Bagdad selbst. In Afghanistan ist das Rote Kreuz beim Betrieb und der Weiterentwicklung von fünf Armenhäusern zur Versorgung von obdachlosen Familien beteiligt. Auf dem so schwer geprüften afrikanischen Kontinent laufen mehr als 40 Projekte in 26 von 53 afrikanischen Staaten. Mit Opferhilfen, Präventiv- und Wiederaufbaumaßnahmen hat sich das Rote Kreuz aber auch in anderen Kontinenten wie Europa und Lateinamerika engagiert.

So gibt es rund um den Globus heute ein funktionierendes Netzwerk einer Hilfsstruktur mit zur Zeit 179 anerkannten Rotkreuz- und Rothalbmond-Gesellschaften, die alle die gleichen Grundsätze beachten und mit Hilfe von fachlich geschulten Einsatzkräften ihre Arbeit leisten. Hunderttausende von ehrenamtlichen Helfern setzen sich im Internationalen Roten Kreuz dafür ein, für Menschen in lebensbedrohlichen Konfliktregionen, in Katastrophensituationen und bei sozio-ökonomischen Dauerkrisen dazusein. So waren Rotkreuz-Helfer unter den ersten, die sich im Jahre 2002 um die Opfer von Anschlägen in Bali bemühten und die bei dem Geiseldrama in Moskau für die Opfer und deren Angehörige zur Stelle waren. Und überall in der Welt werden mittel- und längerfristige Maßnahmen der Schwestergesellschaften im Ausland mit Programmen zur Bekämpfung von HIV/AIDS, Malaria und Hunger und Armut unterstützt. Nahrungsmittel, Saatgut und Arbeitsgeräte werden in vielen Ländern der Welt benötigt. Gesundheitszentren, medizinische Betreuung, Wasser- und Stromversorgung – das sind nur einige Stichworte, wo internationale und auch deutsche Hilfe dringend benötigt wir, wo auch die Bundesregierung und der Deutsche Bundestag helfen, wo aber auch vieles nur machbar ist durch – ich wiederhole es – die Spendenbereitschaft der Deutschen Bevölkerung, die ich noch einmal ausdrücklich würdige.

Es ist wichtig, dass wir über diese Fragen bei solchen Glaubenstagen sprechen, über globale Verantwortung, über Solidarität, über Gerechtigkeit – aber das reicht nicht aus. Wir müssen darüber auch in den Familien sprechen und vor allen Dingen in der Schule. Politik aus christlicher Verantwortung verlangt von Staat und Gesellschaft eine Bildungs- und Erziehungsarbeit, die schon den Kindern und Jugendlichen Werte vermittelt. Dazu gehören ganz einfache Wahrheiten: Dass man andere Menschen

– auch in ihrer Andersartigkeit – zu respektieren hat. Dazu gehört die Toleranz. Dazu gehört, dass zur Demokratie nicht nur Rechte und Freiheiten, sondern auch Pflichten, Verantwortung und Bindung gehören. So hat völlig zu Recht die katholische Bischofskonferenz einen neuen Mut zur Erziehung gefordert und den Mut, dass wir uns wieder einsetzen für die Wiederbelebung bewährter Tugenden wie Pflichtbewusstsein und die Bereitschaft, Verantwortung zu übernehmen für sich selbst und die Mitmenschen.

(...) Unter der Überschrift „Die Würde des Menschen ist unantastbar" will ich hier im Hohen Dom zu Münster an einen besonderen Glaubenszeugen erinnern, ... an den im März 1946 verstorbenen Bischof von Münster, Kardinal Clemens August Graf von Galen. Sein geistliches und seelsorgliches Wirken war vielfältig, unvergesslich, und mit dem Namen Graf von Galen untrennbar verbunden sind seine drei großen Predigten im Juli und August 1941, als er zur Zeit der größten Triumphe des Nationalsozialismus, als dieser fast ganz Europa erobert hatte und soeben mit seinen Truppen in die Sowjetunion einmarschiert war, zum Widerstand aufrief und das Naziregime wegen seiner Euthanasiepolitik, der Vernichtung so genannten lebensunwerten Lebens, direkt angriff, mutig und unerschrocken und ohne Rücksicht auf sein eigenes Schicksal.

Das Euthanasieprogramm war ein nationalsozialistisches Tötungsprogramm, auf Grund geheimer Führererlasse durchgeführt, in speziellen Tötungsanstalten. Tausende Menschen, angeblich unheilbar Kranke, wurden von Ärzten getötet. Niemand hat so zu widersprechen gewagt wie der Bischof von Münster, der wie viele Priester der damaligen Zeit mit Verhaftung und Hinrichtung rechnen musste, als er von der Kanzel öffentlich ausrief: „Es ist eine furchtbare Lehre, die die Ermordung Unschuldiger rechtfertigen will, die die gewaltsame Tötung der nicht mehr arbeitsfähigen Invaliden, Krüppel, unheilbar Kranken, Altersschwachen grundsätzlich freigibt ... Ich rufe laut als katholischer Bischof: Wir fordern Gerechtigkeit! Bleibt dieser Ruf ungehört, wird die Gerechtigkeit nicht wiederhergestellt, so wird unser deutsches Volk und Vaterland an innerer Fäulnis und Verrottung zu Grunde gehen.“ (...)

2. Parlamentarisches Engagement aus realpolitischer Vernunft

2.1 Die demokratische Verfassung ausbauen

2.1.1 Dreiunddreißig Jahre Mitglied des Deutschen Bundestages[1]

Nach 33 Jahren scheiden Sie nun aus dem Parlament aus. Wie ist Ihre persönliche Bilanz?

Ich blicke mit Dankbarkeit und Zufriedenheit auf diese Jahrzehnte zurück. Ich bin 9-mal in meinem Wahlkreis direkt – immer mit großem Vorsprung – gewählt worden. Ich konnte manches mitgestalten und bewegen – für die Menschen in meinem Wahlkreis, aber auch in der so genannten „großen Politik". Ich war Chef des Kanzleramtes in den Jahren der Wiedervereinigung, letzter Verhandlungspartner der DDR, war beteiligt an der Lösung der Flüchtlingsfrage 1989 und der Gestaltung des Einigungsprozesses. In meine Zuständigkeit als Bundesinnenminister fiel der Asylkompromiss, der ein ganz wichtiger Schritt war zum inneren Frieden in Deutschland. Ich hatte in meinem politischen Leben viel Glück.

Welche Note geben Sie rückblickend der Arbeit des Bundestages?

Der Deutsche Bundestag hat großen Anteil daran, dass unser demokratischer Rechtsstaat sich in den vergangenen 50 Jahren geradezu beispielhaft entwickelt und gefestigt hat. Das demokratische Wechselspiel von Macht und Verantwortung funktioniert völlig normal und ohne Erschütterungen. Und trotz mancher Berichte von Partei- oder Politikverdrossenheit zeigt doch die hohe Beteiligung – jedenfalls an den Bundestagswahlen – gelebte Demokratie. Auch der Umstand, dass unsere Verfassung so selten geändert werden musste, nicht einmal im Zuge der

[1] Interview für „Die Welt" am 27. Juni 2002

Wiedervereinigung, macht deutlich, dass Grundsätzliches im parlamentarischen Leben nicht verändert werden muss.

Wo sehen Sie Reformnotwendigkeiten im Parlamentsalltag?

Die Reform der parlamentarischen Arbeit ist im Grunde eine permanente Aufgabe. Ziel muss sein, die parlamentarischen Debatten auf die großen Fragen der Nation, auf die für den Wähler und Bürger entscheidenden Alternativen zwischen den demokratischen Parteien zu konzentrieren, und dies in einer möglichst lebendigen und attraktiven Form. Das Parlament sollte von so genannten „Ausschussberatungen" stärker entlastet werden, und bei allem notwendigen parlamentarischen Reglement – einschließlich der Festlegung von konkreten Redezeiten – darf der interessante parlamentarische Schlagabtausch nicht behindert, sondern muss erleichtert werden. Die so genannte „Kurzintervention" ist dafür ein gutes Beispiel. Kritisch sage ich: Die freie Rede kommt insgesamt zu kurz. Aufpassen müssen wir auch, dass verbriefte Zuständigkeiten des Parlaments nicht unterlaufen werden. Beispiel: Die Einrichtung eines „Nationalen Ethikrates" durch die Bundesregierung parallel zur Arbeit einer von allen Fraktionen eingesetzten Enquete Kommission.

Ist die Parlamentsarbeit heute noch attraktiv?

Ich habe in jeder Legislaturperiode – als Abgeordneter, als Minister, als Mitglied des Fraktionsvorstandes – Entscheidungen mit beeinflussen können – für unser Land, für meinen Wahlkreis, für einzelne Mitbürger. Jedes Gesetz hat Auswirkungen auf Menschen, ihre persönliche Lebenssituation, und dadurch, dass Rahmenbedingungen verändert werden. Das ist nach wie vor eine lohnenswerte Aufgabe. Und die parlamentarische Debatte, die Macht des Wortes, kann Meinungen beeinflussen, Mehrheiten schaffen, Stimmungen verändern und zum Rechts- und Wertebewusstsein beitragen. Parlamentsarbeit ist auch heute nach wie vor attraktiv – ganz abgesehen davon, dass man auch vielen Mitbürgern in ganz konkreten Einzelfällen helfen kann.

Wie hat sich das Selbstverständnis des Abgeordneten geändert? Und welche Ratschläge geben Sie Ihren Nachfolgern?

Die früheren Parlamente waren geprägt von Abgeordneten mit ihren Kriegs- und Nachkriegs- und Aufbauerlebnissen. Und die zu treffenden Entscheidungen waren oftmals fundamentaler als heute. Zu Beginn meiner parlamentarischen Tätigkeit ging es um die Ost-Verträge, die Notstandsgesetze, die außerparlamentarische Opposition, viele grundsätzliche Weichenstellungen im gesellschaftspolitischen Bereich, insbesondere an den Hochschulen. Später gab es den Streit um die Einsätze der Bundeswehr in Krisenregionen. Heute geht es um die Vollendung der inneren Einheit Deutschlands, aber auch um die notwendigen gesellschaftspolitischen Weichenstellungen, die sich aus der demographischen Entwicklung unseres Landes ergeben. Das Parlament spielt – wie auch früher – dabei eine wichtige und entscheidende Rolle. Und der Abgeordnete steht damals wie heute im Spannungsfeld zwischen Fraktionsdisziplin und Gewissensentscheidung.

Der junge Abgeordnete von heute – die Welt hat sich verändert, er kommt aus einer anderen Lebenssituation – geht vielleicht mit einer etwas anderen Einstellung an sein Mandat heran als wir früher. Aber eines ist ganz sicher: Ohne Fleiß, ohne konsequente Arbeit, ohne die Bereitschaft zu lernen, ohne die Freude am Gespräch mit Menschen, funktioniert die parlamentarische Arbeit auf Dauer nicht. Im Übrigen sollten sich die neuen Kolleginnen und Kollegen auf eine lebendige parlamentarische Arbeit freuen. Die Tätigkeit des Abgeordneten ist einer der schönsten, vielseitigsten und anspruchsvollsten, die es gibt.

(…)

Sie sprachen von der Parlamentsreform. Wo sehen Sie Reformbedarf im staatlichen Bereich?

Wir müssen die Rolle des Staates und die des Einzelnen neu definieren, das Verhältnis von Solidarität und Subsidiarität, die immer stärker werdende Bedeutung der Eigenverantwortung.

Der Staat stößt – wie die Debatte über die Rentenreform und die Gesundheitsreform zeigt – angesichts der demographischen Entwicklung an die Grenze seiner Leistungsfähigkeit. Er muss sich stärker auf seine Kernaufgaben konzentrieren.

Wie, glauben Sie, wird sich die politische Kultur und parlamentarische Demokratie in Deutschland weiterentwickeln?

Die Stabilität der Bundesrepublik in den letzten 50 Jahren ist weitgehend geprägt worden von der Existenz zweier großer Volksparteien, die abwechselnd Regierungsverantwortung übernommen haben. Extremisten haben in unserem politisch-parlamentarischen Leben im Grunde keine Chance. Ich bin ganz sicher, dass Deutschland auf der Grundlage seiner bewährten Verfassung und seiner in fünf Jahrzehnten gewachsenen politischen Kultur auch die künftigen innen- und außenpolitischen Herausforderungen meistern wird, und der Deutsche Bundestag – künftig in verkleinerter Form – wird dabei eine ganz wichtige Rolle spielen.

2.1.2 Rückblick und Ausblick auf den Parlamentarismus[2]

(...) Es gibt allerdings – was den Parlamentarismus anbetrifft – eine Reihe von Problemen. So hat der Präsident des Bundesverfassungsgerichts jüngst einen Bedeutungsverlust der Parlamente beklagt, der das demokratische System ins Mark treffe: Insbesondere kritisiert er die ständig wachsende Zahl von Kommissionen und Bündnissen, die das „verfassungsmäßige Gefüge politischer Willensbildung" zu verdrängen drohe. Der Bundestag werde mehr und mehr in die Rolle einer „Ratifikationsinstanz" gedrängt, was im Widerspruch stünde zu der zentralen Stellung, die dem Bundestag als einzigem unmittelbar demokratisch gewähltem Organ in der parlamentarischen Demokratie zukomme. Er meint damit eine so genannte „Entmachtung" des Parlaments durch Kommissionen à la Hartz und Rürup, Koaltionsausschuss und so genannte „Konsensgespräche".

---

[2] Vortrag bei der Konrad-Adenauer-Stiftung in Radolfzell am 29. Oktober 2003

Die Öffentlichkeit und die Medien beklagen auch oft, dass im Parlament zu viele Beamte sitzen oder auch Verbandsfunktionäre und zu wenige Vertreter des Mittelstandes, der freien Berufe oder auch der Heilberufe. An dieser Kritik ist etwas Wahres, der öffentliche Dienst ist überproportional vertreten. Rund 70 Prozent der Abgeordneten in der größten Regierungsfraktion sind gleichzeitig Mitglied einer Gewerkschaft. Ich möchte mir daher schon wünschen, dass der berufliche Sach- und Fachverstand aus Kreisen des Mittelstandes, aus den freien Berufen, aus den Heilberufen stärker im Parlament vertreten wäre – wenn ich allein an die Probleme im Gesundheitswesen denke, die Forschung, die wirtschaftliche Entwicklung, den Arbeitsmarkt, die Rente. Aber das liegt nicht allein an den Parteien, die natürlich solche Bewerber aufstellen müssen, es liegt auch an denen, die zur Übernahme parlamentarischer Verantwortung bereit sein müssen. Manche gut qualifizierten Persönlichkeiten, manche Freiberufler denken gar nicht daran, sich den ja auch vorhandenen Erschwernissen des Politikerlebens auszusetzen: Der Trennung von der Familie, der fehlenden Freizeit, der öffentlichen Kritik. Ich habe seit langem die These vertreten: Wenn wir eine starke, repräsentative Mischung verschiedener Qualifikationen und Biographien von Politikern, wenn wir mehr Repräsentativität haben wollen, dann müssen wir die rechtlichen und ökonomischen Rahmenbedingungen verändern und verbessern, die den Wechsel in die Politik als Beruf möglich und attraktiv machen.

Problematisch ist manchmal auch das Verhältnis von Parlament und Medien. Ich bleibe dabei, dass die parlamentarische Debatte, die Macht des Wortes, Meinungen beeinflussen, Mehrheiten schaffen, Stimmungen verändern und auch zum Rechts- und Wertebewusstsein beitragen kann. Dies muss das Parlament auch künftig leisten, wobei allerdings oftmals die Frage gestellt wird, ob nicht im Bewusstsein der Bürger die parlamentarische Debatte zu sehr durch die Fülle von Talkshows in den Hintergrund gedrängt wird. Dies ist ein Problem. Nicht jede Talkshow ist seriös. Die Gefahr, mit Schlagworten und oberflächlich populären Thesen Punkte zu sammeln, ist in der Mediengesellschaft von heute leider immer stärker geworden. Für Politiker wie für Journalisten gibt es immer wieder die Versuchung, sich bei solchen Talkshows in Szene zu setzen und das Inhaltliche zurückzudrängen. Viel härter geworden ist zudem die Konkurrenz unter den Medien, speziell in Berlin, und damit der Kampf um Schlagzeilen und Marktanteile – oftmals ohne Rücksicht auf sorgfältige Recherche.

Berechtigte Kritik gibt es auch immer wieder an dem oftmals langwierigen Gesetzgebungsprozess zwischen Bundestag und Bundesrat. Nicht immer hat man den Eindruck, dass der Bundesrat sich in erster Linie als Verfassungsorgan zur Wahrung der Länderinteressen sieht. Oftmals wird er dazu benutzt, um parteipolitische Interessen zu vertreten. Krassestes Beispiel war die Abstimmung über das Zuwanderungsgesetz, die dazu führte, dass das Bundesverfassungsgericht dieses Gesetz als verfassungswidrig zustande gekommen einstufte. Erschwert wird das Bund-Länder-Verhältnis auch durch den Kompetenzwirrwarr, der bei vielen Gesetzen aus immer mehr doppelten Zuständigkeiten von Bund und Ländern erwachsen ist. Beispiel sind die vielen Mischfinanzierungen, insbesondere im Finanzbereich, und die Gemeinschaftssteuern. Der Bürger kann in diesem Bereich die politische Verantwortung schon gar nicht mehr richtig zuordnen.

Wir stehen auch mitten in der Diskussion, ob man nicht herauskommen muss aus dem Zustand permanenter Wahlen zwischen den Legislaturperioden des Bundestages. Wenn alle paar Monate eine Landtagswahl stattfindet, auf deren Ergebnis die Parteien und Fraktionen bei anstehenden Entscheidungen meinen Rücksicht nehmen zu müssen, so ist dies dem Gang der Gesetzgebung nicht förderlich, so dass der Vorschlag, eine Reihe von Landtagswahlen zusammenzulegen, durchaus ernst zu nehmen wäre. Und ob im Zeitalter der Globalisierung in einem künftigen europäischen Verfassungsgefüge von europäischer Union, Nationalstaaten, Ländern und Regionen die Existenz von 16 Bundesländern in Deutschland Sinn macht, darf auch bezweifelt werden. Ich bin allerdings, was die Überwindung von Partikular-Interessen anbetrifft, eher skeptisch, wie schon das Beispiel Berlin/Brandenburg zeigt, wo die vorgeschlagene Fusion zu einem einzigen Bundesland scheiterte. (...)

2.1.3 Das Grundgesetz und die Deutsche Einheit 1989/90[3]

(...) Es waren drei Faktoren, die gemeinsam, keineswegs jeder für sich allein, den Prozess der deutschen Einheit bestimmt haben:

- das Aufbegehren der Menschen im Osten Deutschlands gegen ein Unterdrückungsregime, das in jeder Hinsicht abgewirtschaftet hatte und wirtschaftlich pleite war.
- ein günstiges internationales Umfeld und
- eine Bundesregierung, die mit Augenmaß, aber Entschiedenheit die Chancen zur Einheit entsprechend dem klaren Willen der ganz überwiegenden Mehrheit aller Deutschen genutzt hat.

Heute reden manche mehr darüber, was man 1989 alles anders hätte machen sollen und vergessen die immensen Schwierigkeiten, die wir international, aber auch national zu überwinden hatten – nicht nur im Osten Europas, sondern auch in Teilen des Westens, wo man mit Besorgnis auf diese plötzliche dramatische Entwicklung in Deutschland blickte. Und manche sagen, es sei alles zu schnell gegangen. Sie vergessen, dass die Menschen in der DDR die Einheit schnell wollten. Sie vergessen, dass der Übersiedlerstrom, der die DDR ausblutete, nicht aufhörte mit der Ausreisefreiheit für die Flüchtlinge in den Botschaften, nicht aufhörte mit der Öffnung der Mauer und auch nicht mit der Öffnung des Brandenburger Tores, sondern erst mit dem Ange-

3 Vortrag im Kronprinzenpalais Berlin am 2. Dezember 1999

bot der D-Mark und dem der Wirtschafts- und Währungsunion. Da erst verebbte der Strom der Übersiedler, weil die Menschen die konkrete und schnelle Perspektive der deutschen Einheit erkannten. Und diese Kritiker vergessen auch den Putsch gegen Gorbatschow, das Auseinanderbrechen der Sowjetunion und die enormen Spannungen zwischen Moskau und Washington im Zusammenhang mit dem Golfkrieg. Wie lange stand die Tür zur Einheit wirklich offen?

Ich halte es im Nachhinein immer noch fast für ein Wunder, dass diese Entwicklung, dieser Umbruch, diese Revolution so friedlich verlaufen ist. Man hätte sich auch eine andere Entwicklung vorstellen können – blutig, militärisch, gewalttätig. Wer in diesem Zusammenhang die Leistung der deutschen Politik richtig würdigen will, der sollte nicht nur betrachten, was geschehen ist, sondern auch, was an Fehlern, die am Wegesrand auf uns warteten, vermieden wurde. Es ging um die maßvolle Steuerung einer von niemanden zur damaligen Zeit vorhergesehenen, geradezu eruptiven Entwicklung. Es reizt mich, eine journalistische Stimme in diesem Zusammenhang immer wieder zu zitieren, nämlich den Mitherausgeber der „Zeit", Theo Sommer, vom 22. September 1989 – zwei Wochen nach der Öffnung der ungarischen Grenze und eine Woche vor der Ausreisefreiheit für die Botschaftsflüchtlinge in Prag. Er schrieb damals: „Aufschäumende Emotion ist ein schlechter Ratgeber. Sie trügt den Sinn für die Realitäten. Sie gaukelt Möglichkeiten vor, die sich bei unaufgeregter Betrachtung in Nichts auflösen …. Der Wiedervereinigung sind wir keinen Zoll näher als vor einem Jahr oder vor fünf oder zehn Jahren. Die Frage der deutschen Einheit ist nicht ‚heißer' denn je. Im Gegenteil: Sie steht auf einer der hintersten Herdplatten der Weltpolitik, und es ist kein Feuer unter dem Topf …"

Ein Jahr später war die Deutsche Einheit geschaffen und heute – 10 Jahre nach dem Fall der Mauer – haben wir allen Anlass, uns dankbar und mit berechtigter Freude über das seither Erreichte zu erinnern, aber auch, bequemen Halbwahrheiten und nachträglicher Legendenbildung entgegenzuwirken.

Nachdem die politischen Entscheidungen getroffen waren, war deren Umsetzung in hohem Maße ein rechtlich determinierter und gesteuerter Prozess – von dem Vertrag über die Währungs-, Wirtschafts- und Sozialunion über den „Zwei-plus-Vier-Vertrag" bis hin zum Einigungsvertrag. Das Grundgesetz, das im Gegensatz zur Verfassung der DDR nicht eine Staatsideologie und nicht den Führungsanspruch einer Partei an die Spitze stellte, sondern die Würde des Menschen, hat dabei mit seiner Erfolgsgeschichte, aber auch mit seinem klaren Bekenntnis zum Staatsziel der Wiedervereinigung und mit seiner Beitrittsoption eine entscheidende Anziehungskraft auf die Menschen der DDR ausgeübt, die über Jahrzehnte der Bevormundung durch ein Unrechtsregime ausgeliefert waren, das am Ende nicht einmal mehr die Grundbedürfnisse nach wirtschaftlicher und sozialer Sicherheit erfüllen konnte. Die Bedeutung unserer Verfassung, des Grundgesetzes, für die Entwicklung hin zur Wiedervereinigung kann dabei kaum hoch genug eingeschätzt werden.

Die Verfassung hat in diesem Falle die politische Wirklichkeit beeinflusst, ohne allerdings den klaren politischen Willen zum Ergreifen der geschichtlich einzigartigen Chance ersetzen zu können. Sie gab die Ziele vor und stellte die Werte und rechtlichen Instrumente bereit, im Falle der deutschen Einheit durchaus auch als Rückenstärkung für politisches Handeln. Staat und Gesellschaft der Bundesrepublik Deutschland hatten sich bis 1989 unter der Rechtsordnung des Grundgesetzes zu einer gefestigten freiheitlichen Demokratie entwickelt – mit den Fundamenten, die im Rahmen des Grundgesetzes neben der sozialen Marktwirtschaft die Grundlage für den Erfolg unserer Republik bis heute bilden und an die sich lohnt, immer wieder zu erinnern:

- ein parteiübergreifender Konsens in der Abwehr totalitärer, antidemokratischer Entwicklungen

- die Wehrhaftigkeit der repräsentativen Demokratie und
- die Verankerung in den euro-atlantischen Institutionen

Das Grundgesetz mit seiner wertgebundenen Rechtsordnung und der Ewigkeitsklausel in Art. 79 Abs. 3 hat die Konsequenz aus dem Scheitern der Weimarer Republik gezogen. Die plebiszitären Elemente wurden zurück genommen, ein starkes Parlament und ein starker Kanzler anstelle des fast allmächtigen Reichspräsidenten installiert. Das konstruktive Misstrauensvotum, die Fünf-Prozent-Hürde, die Möglichkeit des Parteienverbots, die grundgesetzlichen Regelungen zum Verfassungsschutz oder zur Verfassungstreue von Beamten – Stabilität und Wehrhaftigkeit sind die sichtbaren und erfolgreichen Bauelemente unserer Verfassung, und sie müssen dies auch bleiben.

Der Fall der Mauer und die Wiederherstellung der deutschen Einheit sind auch ein Beispiel dafür, dass eine Verfassung und das darauf aufbauende Staatswesen ohne das Vertrauen der Bürger nicht existieren kann. Der Zusammenbruch der DDR beruhte letztlich entscheidend auf dem Vertrauensverlust und der mangelnden Unterstützung durch die Menschen in Ostdeutschland, die sich ganz bewusst für den Beitritt zur Bundesrepublik und damit für die freiheitliche Ordnung des Grundgesetzes entschieden. Es war politisch klug, die Einheit unter dem Dach des Grundgesetzes zu vollziehen und keine neue Verfassung zu schaffen.

In der Konsequenz der Wiederherstellung der deutschen Einheit ist auch der Umzug von Regierung und Parlament nach Berlin zu sehen. Wir sind hierher gekommen nicht mit neuen politischen Koordinaten, sondern mit dem Grundgesetz, das die Lehren aus der Vergangenheit gezogen und seine Zukunftstauglichkeit unter Beweis gestellt hat.

Berlin war deutsche Hauptstadt, verlor diese Aufgabe im Zeichen der Teilung und erhielt sie zurück im Zeichen der Einheit. Die Entscheidung für Berlin war auch ein Stück Solidarität mit unseren Landsleuten, deren Aufbegehren gegen die SED-Diktatur eine wichtige Voraussetzung war für die Herstellung der deutschen Einheit. Berlin – lange Zeit das Sinnbild der Teilung unseres Kontinents – entwickelt sich heute zum Symbol der europäischen Einheit mit einer natürlichen Brücken-Funktion zwischen West-, Mittel- und Osteuropa im Rahmen einer gesamteuropäischen Ordnung.

Und schließlich, um zurückzukommen auf den parteiübergreifenden Konsens in der Abwehr totalitärer antidemokratischer Entwicklungen: Nirgendwo ist die Kultur des Erinnerns so notwendig und so aktuell wie in Berlin, das zur ständigen Auseinandersetzung mit der deutschen Geschichte zwingt.

Wenn man am Ende dieses Jahrhunderts eine Standortbestimmung vornehmen will: Trotz aller noch ungelösten Probleme und Herausforderungen dieser Tage, trotz der noch nicht vollendeten inneren Einheit Deutschlands, trotz der Notwendigkeit, für diese Vollendung der inneren Einheit Deutschlands stärker noch, als uns dies bisher gelungen ist, den Verfassungs- und Wertekonsens zwischen Ost und West zu schaffen, haben wir dennoch auf der Grundlage einer bewährten Verfassung und einer in fünf Jahrzehnten gewachsenen politischen Kultur alle Chancen, die Zukunftsaufgaben zu meistern und weiterhin einen guten Beitrag zu leisten für ein Zusammenleben der Menschen in ganz Europa in Frieden, Freiheit, Wohlstand und sozialer Sicherheit. (...)

2.2 Die deutsche Einheit vollenden

2.2.1 Mauerbau – Mauerfall: Zum Gedenken an den 13. August 1961[4]

(...) Mauern haben in der Geschichte der Menschheit sehr unterschiedliche Funktionen und Bedeutungen gehabt, einige sind zum Schicksal für Generationen, für ganze Nationen geworden, aber ein Schicksal haben sie alle gemeinsam: Eines Tages sind sie eingerissen worden, denn, das hat die Geschichte gezeigt, die Freiheit und der Wille der Menschen zur Freiheit ist und bleibt am Ende stärker als jeder Mauerstein. Die Momente, wo dieser Freiheitswille Geschichte macht, miterleben zu dürfen wie beim Fall der Berliner Mauer, sind historische Momente des Glücks, an die ich mich mit Freude und Dankbarkeit erinnere. Die Berliner Mauer ist zu einem historischen Symbol geworden sowohl für die schmerzhafte Trennung eines Volkes als auch für seine geglückte Wiedervereinigung.

Der Historiker Michael Salewski hat in seiner politischen Geschichte Deutschlands über den Bau der Mauer in Berlin im Rückblick geschrieben: „Man baut Mauern, wenn alle Argumente verbraucht sind. Hatten die Touristen am Rhein seit jeher über das mittelalterliche Mauerstück zwischen den Burgen der ‚feindlichen Brüder' (Katz und Maus bei Bonn) geschmunzelt, so verging ihnen am Morgen des 13. August (1961) das Lachen gründlich." Die Mauer – in einer Nacht-und-Nebel-Aktion unter operativer Leitung von Erich Honecker aufgebaut – war nur ein folgerichtiger letzter Akt in dem sich ausweglos zugespitzten Drama des West-Ost-Konfliktes nach Ende des Zweiten Weltkrieges – mit dramatischen Bildern wie das von einem in letzter Minute sich durch einen Sprung über den Stacheldrahtzaun in die Freiheit rettenden NVA-Soldaten oder den an der Häuserfassade herunterhangelnden Menschen in der Bernauer Straße,

[4] Rede im Grenzmuseum Schifflersgrund am 11. August 2002

Bilder, die um die ganze Welt gingen und das Wissen um die Existenz dieser Mauer wie auch das politische Gewissen über Jahrzehnte hinweg wachhielten.

Dem Bau der Mauer in der Nacht von Samstag auf Sonntag, den 13. August 1961, waren lange vorher entscheidende politische Schritte vorausgegangen, von denen die reale Mauer sozusagen nur der Schlussstein einer ideologischen Mauer der Abschottung zweier disparater Systeme ausmachte. Die entscheidende Zuspitzung geht zurück auf ein Schreiben von Bundeskanzler Adenauer vom 18. Oktober 1960, in dem er seine Bitte um Fortführung der Repatriierung deutscher Staatsbürger aus der Sowjetunion vortrug, woraufhin Ministerpräsident Chruschtschow – mit viermonatiger Verspätung – in einem Antwortschreiben in ultimativer Form den Vorschlag eines Friedensvertrages unterbreitete, wobei er in auffälliger Betonung auf die „unnormale Lage" in West-Berlin verwies, ich zitiere, „das immer noch zu subversiven Aktionen gegen die Deutsche Demokratische Republik, die Sowjetunion und andere sozialistische Staaten benutzt wird" und mit den Worten schloss: „Das kann so nicht weitergehen." Damit war der Weg freigemacht für die spätere Legende vom „antifaschistischen Schutzwall", mit dem ein drohender Präventivkrieg des Westens quasi in letzter Minute abgewehrt und damit der Weltfrieden gerettet worden sei. In dieser Tonlage argumentierte denn auch das SED-Zentralorgan „Neues Deutschland" schon einen Tag nach dem Mauerbau: „Geschützt werden die Kinder vor den Kinderräubern; geschützt werden die Familien vor den erpresserischen Spitzeln der Menschenhandelszentralen; geschützt werden die Betriebe vor den Kopfjägern. Geschützt sind die Menschen vor den Unmenschen, die Ordnung vor den Ordnungsbrechern, die Arbeitssamen vor den Arbeitsscheuen und Spekulanten, Ruhe und Sicherheit unserer Bürger vor den kalten Kriegern."

Am 16. Juni 1961, als Walter Ulbricht auf die Frage der Berliner Korrespondentin Annemarie Doherr von der Frankfurter Rundschau nach Errichtung einer Staatsgrenze am Brandenburger Tor antwortete, „Die Bauarbeiter unserer Hauptstadt beschäftigen sich hauptsächlich mit Wohnungsbau, und ihre Arbeitskraft wird dafür voll eingesetzt. Niemand hat die Absicht, eine Mauer zu errichten“, war zum ersten Mal in der Öffentlichkeit die Rede vom Bau einer Mauer – eine historisch wohl beispiellose Lüge eines Regierungschefs, denn schon 14 Tage später gaben die KP-Führer der Warschauer Pakt-Staaten dem Drängen von Walter Ulbricht nach und grünes Licht für den Bau der Mauer an der Grenze zu West-Berlin.

Treibendes Motiv für Ulbricht war die verschärfte wirtschaftliche Misere in Verbindung mit einem Versorgungsengpass, den zu überwinden auch ein zugesagter Sonderkredit von 2 Mrd. DM durch die Sowjetunion nicht vermochte. Ursache für diese Dauerkrise war nach Auffassung der Parteispitze die Sondersituation in Berlin. Zum einen pendelten hier 60.000 Ost-Berliner und Brandenburger täglich nach West-Berlin, wo sie arbeiten und einkaufen gingen und für alle anderen DDR-Bürger zu lebenden Zeitzeugen einer „Wohlstand für alle“ sichernden Marktwirtschaft wurden. Zum anderen begann das nicht lösbare Flüchtlingsproblem ökonomische Wirkungen zu entfalten. Seit 1945 waren fast 3 Millionen Menschen in den Westen abgewandert, 95 Prozent davon wählten den Weg über das Nadelöhr West-Berlin. Seit dem Chruschtschow-Ultimatum von 1958, man solle Berlin zu einer entmilitarisierten Zone erklären oder er werde mit der DDR einen separaten Friedensvertrag schließen, kursierten ständig Gerüchte über eine Grenzschließung, was den Flüchtlingsstrom natürlich nur noch verstärkte, zuletzt im Juli 1961 fast 31.000 – das waren 100 Prozent mehr als im Vorjahr. Und es waren vorwiegend junge, gut ausgebildete Menschen, die dem DDR-Regime den Rücken kehrten – ein Aderlass, den keine Wirtschaft, keine Gesellschaft verkraftet. Wenn man schon nicht die Menschen vom Glück des Sozialismus überzeugen konnte, dann, so die Logik der führenden Funktionäre, musste man das Volk mit physischer Gewalt daran hindern, sich der besseren Einsicht und den versprochenen Segnungen durch Abstimmung mit den Füßen zu entziehen, in der Hoffnung, mit der Zeit würden auch bessere Zeiten anbrechen.

Mit dem Bau der Mauer und einer Todeszone aus Stacheldraht und Selbstschussanlagen wurde aber nicht nur das Faktum der Spaltung geschaffen, mit dem Bau der Mauer änderte sich auch schlagartig die Politik der deutschen Frage. Die brüske Abfuhr, die sich der Regierende Bürgermeister von Berlin, Willy Brandt, bei den alliierten Stadtkommandanten am Tag des Mauerbaus abholte, sein gescheiterter Versuch, an allen zuständigen Stellen vorbei in einem persönlichen Brief den US-Präsidenten John F. Kennedey um Intervention zu bitten, die bewusst verhaltenen Reaktionen seitens der Bundesregierung, all das macht deutlich, dass sich die Alliierten durch den Bau der Mauer in ihren Rechten nicht verletzt sahen und nicht ernsthaft interessiert daran waren, wegen Straßenzugängen einen Weltkrieg heraufzubeschwören. Kennedy hatte im Mai 1960 die U2-Affäre und im April 1961 eine gescheiterte Invasion in der Schweinebucht Kubas hinter sich, und Chruschtschow glaubte, die Schwäche des neuen und außenpolitisch noch relativ unerfahrenen Präsidenten für sich nutzen zu können, in dem er ihm Anfang Juni 1961 in Wien im Falle einer Verweigerung von Verhandlungen über den Status von West-Berlin mit dem Vorhaben drohte, einen separaten Friedensvertrag mit der DDR abzuschließen. Am 25. Juli 1961 reagierte Kennedy und verkündete in einer Rundfunkansprache ganz gezielt drei „essentials“ seiner zukünftigen Berlin-Politik: Präsenz der Westmächte, Recht auf freien Zugang durch Ostdeutschland, Sicherung der politischen Freiheit und Lebensfähigkeit von West-Berlin. Damit war indirekt für jedermann klar, die Alliierten würden bei einer Abriegelung des Ost-Sektors nicht intervenieren. Am 16. August titelte die BILD-Zeitung resigniert: „Der Westen tut NICHTS!“ Verständlicherweise war die Enttäuschung der Berliner sehr groß und vieles an der nachfolgenden antiamerikanischen Stimmung hat hierin seinen Grund.

Die Mauer bedeutete nicht nur die schmerzhafte Trennung von Millionen Deutschen, sie bildete mit der zunehmenden Einsicht in eine nur langfristig zu verwirklichende Wiedervereinigung eine scharfe Zäsur in der deutsch-deutschen Politik. Zwischen den großen Parteien in der Bundesrepublik Deutschland bildete sich im Kern der deutschlandpolitische Konsens heraus, dass die Wiedervereinigung Deutschlands nicht mehr in kurzer Frist zu erreichen sei und dass es daher kurzfristig darauf ankomme, einen modus vivendi zu finden, der eine spätere Lösung nicht ausschloss, der zunächst die Folgen der Teilung für die Menschen erleichterte und der es möglich machen würde, durch die Herstellung von Kontakten und Begegnungen das Bewusstsein von der Zusammengehörigkeit der Nation aufrechtzuerhalten. Die Architektur der von Brandt und Bahr verfolgten neuen Ostpolitik setzte allerdings ganz auf die Idee, man könne die DDR mit Zustimmung der Sowjetunion transformieren. Würde man im Gegenzug die Bundesrepublik Deutschland in Richtung auf mehr Sozialismus ebenfalls anpassen, dann würden eines Tages beide Systeme derart weit konvergiert sein, dass auch eine Wiedervereinigung möglich sein würde. Die Tragik an dieser Strategie war, dass die hieran gekoppelte Politik blind wurde für die zunehmende Erstarrung des DDR-Regimes, blind wurde für die Reformunfähigkeit eines orthodoxen Kaders, blind wurde für die Einsicht in die Notwendigkeit der Nachrüstung zur Sicherung der Glaubwürdigkeit der Strategie der „flexible response“ und zuletzt auch blind wurde für Glasnost und Perestroika und den tatsächlichen Entwicklungen und Veränderungen in der Sowjetunion.

Im Gegensatz dazu setzte Adenauer auf Zeit, auf eine Politik des langen Atems und auf eine nur abzuwartende innere Schwächung. Westbindung und Wiedervereinigung waren ihm darum auch keine Widersprüche, denn er war fest überzeugt davon, dass sich am Ende die Ideen der Demokratie und der Marktwirtschaft durchsetzen würden. (...) Bis eine solche Revision der sowjetischen Politik sich abzeichnete, musste man sich darauf konzentrieren, die Voraussetzungen für eine künftige Lösung der deutschen Frage zu schaffen oder offen zu halten. Man sieht also, trotz der vom Humanitätsgedanken getragenen Übereinstimmung in der Politik der „menschlichen Erleichterungen" bestanden hier ganz fundamentale konzeptionelle Unterschiede.

Die Mauer jedenfalls blieb über all die Jahre der Entspannungspolitik und der Politik der kleinen Schritte hinweg ein stets schmerzhaft empfundener „Pfahl im Fleische", ein emotionales Symbol für Spaltung und Unfreiheit. Entsprechend populär waren Parolen wie „Ich bin ein Berliner", „Macht das Tor auf" oder „Die Mauer muss weg" – so zuletzt noch der amerikanische Präsident Ronald Reagan 1987 vor dem Brandenburger Tor an die Adresse von Michael Gorbatschow, „Öffnen Sie dieses Tor!". Niemand aber kann heute behaupten, die Ereignisse vom Herbst 1989 auch nur geahnt zu haben. Ich will im Zeitraffertempo meine persönlichen Erinnerungen an die sich damals überschlagenden Entwicklungen mit einigen Daten zusammenfassen: Ende April 1989 wurde ich Chef des Kanzleramtes als Nachfolger von Wolfgang Schäuble. Am 4. Juli – vorbereitet vom DDR-Chefunterhändler Alexander Schalck-Golodkowsky – mein Antrittsbesuch bei Erich Honecker. Im August der Ansturm von Zufluchtsuchenden in die Ständige Vertretung der Bundesrepublik Deutschland in Ost-Berlin und in unsere Botschaften in Warschau, Budapest und Prag. Am 8. August musste ich die Ständige Vertretung in Ost-Berlin wegen Überfüllung schließen. Mühselige, lange, zunächst ergebnislose Verhandlungen mit der DDR, dann am 10. September die Öffnung der ungarischen Grenze, vorausgegangen das Geheimgespräch zwischen der ungarischen Staatsführung und Bundeskanzler Kohl auf Schloss Gymnich. Am 30. September Außenminister Genscher und ich in der Botschaft Prag, um die von der DDR unter Druck der internationalen Öffentlichkeit endlich zugesicherte Ausreise der Flüchtlinge bekannt zu geben. Am 10. Oktober Gorbatschow in Ost-Berlin, am 16. Oktober 120.000 Menschen bei der Montags-Demonstration in Leipzig. Am 18. Oktober der Sturz Honeckers, am 09. November dann die Öffnung der Mauer – der Kanzler weilte in Warschau, ich selbst konnte als Chef des Kanzleramtes eine kurze Regierungserklärung im Deutschen Bundestag abgeben, die Abgeordneten erhoben sich und sangen die Nationalhymne, dann der Sturz von Egon Krenz, die Flucht von Schalck-Golodkowsky in die Bundesrepublik Deutschland, der Bundeskanzler in Dresden, die Öffnung des Brandenburger Tores am 22. Dezember. Deutschland und die bisher scheinbar so festgefügte und zementierte europäische Ordnung hatten sich innerhalb von Monaten von Grund auf geändert. Und dann die ersten freien Volkskammerwahlen, die Wirtschafts- und Währungsunion, der Staatsvertrag, der Einigungsvertrag, der 3. Oktober 1990, der Tag der Deutschen Einheit. (...)

Die Mauer hat über Jahrzehnte hinweg mit tödlicher Gewalt den Menschen den Weg in die Freiheit versperrt, aber sie hat es nicht vermocht, sie davon auszusperren, nach der Freiheit zu streben. Und als sich dann der Wind drehte, wurde aus diesem großen Traum eine große Bewegung, die für sich reklamierte „Wir sind das Volk“, ein Volk, das sich auch von Mauern nicht mehr abhalten ließ. In diesem historisch einmaligen Moment war es geradezu existenziell wichtig, das die damalige Bundesregierung mit Entschlossenheit und Behutsamkeit die gegebene historische Chance nutzte. Sie konnte aufbauen auf ein in langen Jahren gewachsenes Vertrauen der Bündnispartner, auf eine deutschlandpolitische Konzeption, die jederzeit den Übergang zu einer operativen Politik der Wiedervereinigung möglich machte, und auf die konsequente Einbindung der Vereinigungspolitik in den Prozess der europäischen Integration.

Im nachhinein halte ich es immer noch für ein Wunder, dass diese Entwicklung, dieser Umbruch, die Revolution so friedlich verlaufen ist. Man hätte sie sich auch ganz anders vorstellen können – blutig, gewaltsam, militärisch. Die damaligen Diskussionen auf westdeutscher Seite haben mir klargemacht, welch verhängnisvoller Weg wir beschritten hätten, wenn wir anstelle des Beitritts der DDR nach Artikel 23 Grundgesetz die Alternative des Artikels 146 GG gewählt hätten, eine völlig neue Verfassung für das wiedervereinigte Deutschland zu erarbeiten. Wir hätten auf dem Weg zur deutschen Einheit nicht Wochen oder Monate verschenkt, sondern einen viel längeren Zeitraum und die Frage ist doch berechtigt: Wie lange stand die Tür zur deutschen Einheit wirklich offen? Man vergesse nicht den späteren Putsch gegen Gorbatschow, das Auseinanderbrechen der Sowjetunion und den Golfkrieg, der zu neuen Spannungen zwischen Moskau und Washington führte.

Nicht alles hat der Einigungsvertrag regeln können. Manche Einzelbestimmungen, etwa das Verhältnis von Rückgabe und Entschädigung in Eigentumsfragen oder die Aufgabenstellung der Treuhand zur Verwaltung des DDR-Vermögens, mussten nachgebessert werden. Aber die Grundentscheidungen waren allesamt richtig. Wir haben allerdings in der Folgezeit erkennen müssen, dass die Erblast der SED sehr viel gravierender und schwerwiegender war als ursprünglich angenommen. Deshalb dauert auch die Herstellung der inneren Einheit Deutschlands und die Angleichung der Lebensverhältnisse länger, als wir 1989/90 gedacht haben. Ich will auch nicht die Probleme schönreden, die es etwa in Halle, in Magdeburg, in Rostock, aber auch in anderen neuen Ländern gibt, wo gerade die jungen Leute in großer Zahl nach Westdeutschland überwechseln, um dort einen Arbeits- und Ausbildungsplatz zu bekommen. Wir können uns ein Ausbluten der neuen Länder nicht leisten. Umso wichtiger ist es, eine gezielte Politik der Mittelstandsförderung in den neuen Ländern zu betreiben, die Förderung von Existenzgründungen und der Investitionsbereitschaft, wie das mit großen Erfolgen beispielsweise in Sachsen und Thüringen geschieht. Aber ich bin ganz sicher, dass in einigen Jahren die Aufbauleistung in den neuen Ländern als eine große gemeinsame Leistung der Deutschen in Ost und West gewürdigt werden wird, ähnlich vergleichbar mit der Aufbauleistung nach dem Zweiten Weltkrieg. (...)

Wenn wir uns nach mehr als 40 Jahren an den Bau der Mauer erinnern, dann erinnern wir uns und gedenken wir auch der über 80 Menschen, die in der Zeit von 1961 bis 1989 bei Fluchtversuchen an der Mauer ihr Leben verloren, der 118 Menschen, die durch Schusswaffengebrauch verletzt und der mehr als 3.000 Menschen, die festgenommen wurden – aber auch der über 5.000 „Mauerbrecher", denen die Flucht gelang. Was ist geblieben von der Mauer – soweit sie nicht als Denkmal an die Zeit der Spaltung mahnt oder von Mauerspechten als Souvenir in alle Welt zerstreut wurde – sie ist zu Straßenschotter verarbeitet worden. Der belgische Dominikaner und Friedensnobelpreisträger Dominique Georges Pire hat einmal gesagt: „Die Menschen bauen zu viele Mauern und nicht genügend Brücken". Es liegt immer wieder nur an uns, für die Zukunft zu sorgen, dass Pire nicht Recht behält. Nehmen wir den 17. Juni 1953, den 13. August 1961, den 9. November 1989 und den 3. Oktober 1990 darum immer wieder zum Anlass, die Lehren aus der deutschen Geschichte, insbesondere aus dem 20. Jahrhundert zu ziehen, und ihre Mahnungen zu beherzigen: Zwei schreckliche Kriege, zwei schreckliche Diktaturen – und heute: Ein in Frieden und Freiheit geeintes und zusammenwachsendes Deutschland, statt einer Mauer eine echte Brücke mitten in Europa zwischen Ost und West. (...)

2.2.2 Erinnerungen an den 30. September 1989[5]

Der 30. September 1989 umfasst Stunden, die ich in meinem Leben nie vergessen werde. Das historisch Bedeutsame der Ereignisse dieses Tages wird deutlich, wenn man sich noch einmal

[5] Beitrag für die Dresdner Zeitung im September 1999

die dramatischen Entwicklungen vergegenwärtigt, die in den Tagen und Wochen zuvor stattgefunden hatten.

In jenen Tagen und Wochen ging durch ganz Ost- und Mitteleuropa eine Welle von Reformbewegungen, insbesondere in Polen und Ungarn, aber auch in der Sowjetunion mit Glasnost und Perestroika. Die DDR-Führung allerdings blieb stur und unbeweglich, verweigerte sich jedem Ansatz zu politischen, wirtschaftlichen und gesellschaftlichen Reformen und Liberalisierung, und dies vor dem Hintergrund einer sich drastisch verschlechternden wirtschaftlichen Lage und der Vergleichsmöglichkeiten, die immer mehr Menschen zwischen den Lebensverhältnissen in der Bundesrepublik und der DDR besaßen.

Die Empörung in der Bevölkerung wuchs von Woche zu Woche, die Zahl der Ausreisewilligen stieg sprunghaft an, gleichzeitig strömten immer mehr Zufluchtsuchende in die Ständige Vertretung Bonns in Ost-Berlin, ebenfalls in die deutschen Botschaften in Budapest, Warschau und Prag:

- Am 8. August musste ich die Ständige Vertretung in Berlin wegen Überfüllung schließen,
- am 14. August schloss die Botschaft Budapest,
- am 23. August die Botschaft Prag,
- am 18. September die Botschaft Warschau.

Gespräche, die ich am 18. August in Ost-Berlin mit Regierungsvertretern der DDR, angeführt vom Stellvertretenden Außenminister Krolikowski führte, verliefen ebenso ergebnislos wie Gespräche mit Rechtsanwalt Vogel im Kanzleramt und mit dem Leiter der Ständigen Vertretung der DDR in Bonn, Neubauer.

Bei diesem realitätsverleugnenden Kurs der DDR machte Ungarn nicht mehr mit. Am 19. August ließ Ungarn bei einer Veranstaltung der Paneuropa-Union eine Massenflucht von 660 Menschen zu, am 11. September öffnete Ungarn auch offiziell die Grenze, 7.000 ausreisewillige DDR-Bewohner durften das Land verlassen, zuvor – am 25. August – hatte es eine Begegnung von Bundeskanzler Kohl mit dem ungarischen Ministerpräsidenten Nemeth auf Schloß Gymnich gegeben.

In den Monaten August und September führte ich eine Fülle von Verhandlungen mit dem Ziel, die Ausreisegenehmigung der DDR für die Flüchtlinge in den deutschen Botschaften in Prag und Warschau sowie der Ständigen Vertretung in Ost-Berlin zu erreichen. Der Forderung der DDR, die Bundesrepublik dürfe „DDR-Bürger" nicht in die Botschaften lassen, begegneten wir mit den Worten: „Die Bundesrepublik errichtet keine Mauern um ihre Botschaften, und sie schickt auch keinen Flüchtling auf die Straße."

Da erreichte mich am Freitag, dem 29. September, unmittelbar nach meinem Flug von Bonn in meine Heimatstadt Papenburg, ein dringender Anruf meines Büros. Herr Neubauer, mit dem ich in ständigem Kontakt gestanden war, wolle mich dringend sprechen. Wir verabredeten uns für 10 Uhr am nächsten Tag, einem Samstag, in meinem Bonner Büro im Kanzleramt, ich unterrichtete sofort den Bundeskanzler in Ludwigshafen, der mir sagte, ich solle Außenminister Hans-Dietrich Genscher hinzuziehen und mit ihm, dem Bundeskanzler, ständigen telefonischen Kontakt halten.

Als Neubauer am Samstagmorgen in meinem Büro erschien, eröffnete er das Gespräch zunächst mit massiven Vorwürfen an die Bundesregierung, die – „entgegen dem internationalen Recht" – den Zustrom von „DDR-Bürgern" in unsere Botschaften dulde. Diese Vorwürfe kannten wir schon, und diesen Vorwürfen haben wir erneut deutlich widersprochen, auch mit Blick auf die KSZE-Vereinbarungen, die von der DDR selbst unterschrieben worden waren. Dann kam er zur Sache und erklärte, die Prager Botschaftsflüchtlinge dürften ausreisen, allerdings nur über das Territorium der DDR, und zwar mit Sonderzügen. Dies war ganz offensichtlich eine Entscheidung von Honecker, um die „Souveränität" der DDR bei der Ausreise der Flüchtlinge zu dokumentieren.

Wir unterbrachen die Sitzung und nahmen sofort Kontakt mit dem Bundeskanzler auf. Wir vereinbarten, dass Genscher und ich nach Prag fliegen sollten, um den Menschen, die den Versprechungen der DDR-Repräsentanten zutiefst misstrauten, persönlich die Sicherheit zu geben, dass für sie jetzt die ungehinderte Ausreise garantiert sei. Mit Neubauer wurde abgestimmt, dass Genscher und ich mit den beiden ersten Zügen mitfahren sollten, die Staatssekretäre mit den folgenden. Auf Vorschlag von Hans-Dietrich Genscher vereinbarten wir Vertraulichkeit. Unser Flug nach Prag sollte nicht vorzeitig bekannt werden, die Sache war zu sensibel.

Kaum waren wir mit der Luftwaffenmaschine in Prag gelandet, erfuhren wir vom deutschen Botschafter, die DDR habe ihre Zusage zurückgenommen, dass Genscher und ich die Züge begleiten könnten. Lediglich Beamte dürften mitfahren – offensichtlich fürchtete die DDR-Führung eine gegen sie gerichtete Symbolwirkung, wenn zwei bekannte Politiker der Regierung Kohl den Botschaftsflüchtlingen das Geleit geben würden.

Wir fuhren direkt in die Botschaft. Dort erwartete uns bereits ein Pulk von Journalisten und Kameras vor dem Eingang. Das Auswärtige Amt hatte entgegen der vereinbarten Vertraulichkeit den Flug nach Prag doch bekannt gegeben.

Was wir dann in der Botschaft erlebten, hat sich mir unauslöschlich eingeprägt: Frauen, Männer und Kinder – dicht gedrängt auf den Treppenstufen, die wir emporstiegen, mit einem unglaublichen Vertrauen zu uns in den Gesichtern, obwohl sie nicht wussten, welche Botschaft wir mitbrachten. Aus dem Obergeschoss der Blick auf die Menschen in Zelten, im durch Dauerregen verschlammten Garten – ein beklemmender Anblick. Wir ließen uns die letzten Informationen geben, anschließend ein Telefonat von mir mit dem Ständigen Vertreter der DDR in Bonn, Neubauer, mit energischem Protest über den Bruch der Vereinbarungen, allerdings ohne Erfolg. Neubauer hatte unsere Mitfahrt im Zug in Ostberlin nicht durchsetzen können.

Letzten Endes war das aber nicht mehr entscheidend. Die Menschen in der Botschaft Prag glaubten unseren Worten. Die Szene ist bekannt, als Hans-Dietrich Genscher und ich gemeinsam mit dem Botschafter und mehreren Staatssekretären auf den Balkon des „Palais Lobkowitz“ traten und Genscher über das Mikrofon die erlösenden Worte in das Dunkel des Gartens hineinsprach: „Wir sind nach Prag gekommen, um Ihnen mitzuteilen, dass Ihre Ausreise heute …“ – alles weitere ging im Jubel der Menschen unter. Die Bilder gingen um die Welt.

5.500 Flüchtlinge fuhren am Abend mit Sonderzügen der DDR-Reichsbahn von Prag über Dresden nach Hof – abgesehen von technischen Halten ohne Stop in der DDR. Die Forderung der DDR-Führung, durch die DDR zu reisen, erwies sich jedoch als Bumerang: Menschen sprangen unterwegs auf die Züge, die Durchfahrt wurde von vielen winkenden Menschen begleitet.

Der 30. September markiert den Beginn des Untergangs der DDR. Die Ausreise brachte für die DDR keine Entlastung, sondern war die Vorstufe zum endgültigen Bruch aller Dämme, die die DDR jahrzehntelang um ihre Bürger errichtet hatte. Die Botschaften füllten sich erneut, nach wütenden Protesten Neubauers und der gesamten DDR-Presse musste eine hilflose Ost-Berliner Führung am 3. Oktober auch die Ausreise der weiteren Flüchtlinge gestatten. Wenige Tage später sprach Gorbatschow in Ost-Berlin beim 40. Jahrestag der DDR-Gründung von den Zuspätkommenden, die das Leben bestraft.

Am 18. Oktober musste nach Massendemonstrationen, vor allem in Leipzig, nach achtzehnjähriger Herrschaft Parteichef und Staatsratsvorsitzender Erich Honecker zurücktreten. Der Rücktritt seines Nachfolgers Egon Krenz folgte am 3. Dezember, die ersten freien Wahlen in der DDR am 18. März 1990 beendeten auch die Amtszeit des DDR-Ministerratsvorsitzenden Modrow.

Der 30. September 1989 jedoch bleibt für mich einer der emotionalen Höhepunkte innerhalb der dramatischen Umwälzungen in unserem Land und in ganz Europa, in denen das Aufbegehren der Bürger ohne Blutvergießen über Unfreiheit und Diktatur gesiegt hat. Ich bin dankbar, dass ich an dieser beispiellosen Entwicklung hin zu Freiheit und Demokratie persönlich mitwirken durfte.

2.2.3 Vermerk zum 9. November 1989

1. Was trieb die DDR-Bürger trotz massiver Repressalien zu Hunderttausenden auf die Straße?

   Hunderttausende von DRR-Bewohnern hatten in der Zeit vor dem 9. November die Bundesrepublik besucht – auf Grund der Besuchs- und Reiseregelung, die zwischen der Bundesrepublik und der DDR getroffen war. Sie sahen den Unterschied in den Lebensverhältnissen, sie wurden mit den wirtschaftlichen Zuständen in der DDR immer unzufriedener. Die wirtschaftliche Lage spitzte sich ja auch zu, die DDR war in großen finanziellen Schwierigkeiten (Schalk-Golodkowsky).

   Die Menschen spürten den Wind der Veränderungen in Europa. Man konnte die DDR nicht abschotten von den Fernsehbildern über die freiheitlichen Reformen in Polen (Vorbereitung auf erste freie Teilwahlen) und Ungarn (Einführung des Mehrparteiensystem beschlossen). Der Name Gorbatschow verband sich mit Glasnost und Perestroika. Ungarn öffnete am 10. September seine Grenzen nach Österreich, die DDR-Führung reagierte mit Hilflosigkeit.

   Vor diesem Hintergrund gab es eine helle Empörung über das neue Reisegesetz, das in der DDR in Vorbereitung war – Empörung, weil halbherzig und gegen alle Zusagen. Die Proteste wurden immer stärker, und die Menschen wurden immer mutiger – auch nach dem Besuch von Gorbatschow in Ostberlin. Honecker wurde gestürzt.

2. Wie reagierte die SED-Führung auf die zunehmenden Massenproteste?

Halsstarrig, sturköpfig, ohne Einsicht in die freiheitliche Bewegungen um die DDR herum. Die Botschaftsflüchtlinge wurden beschimpft. Dann musste man hilflos mit zusehen, wie Ungarn die Grenzen öffnete. Sie konnten schließlich nicht anders als die Ausreisefreiheit für die Flüchtlinge in den Botschaften von Prag, Warschau, Budapest zu gestatten. Es war eine grobe Fehleinschätzung, die Züge über DDR-Territorium fahren zu lassen, was einem Triumphzug der Flüchtlinge gleichkam. Die Diskussionen im Politbüro waren chaotisch: Sturz von Honecker, später Rücktritt von Krenz, am 9. November wusste keiner so recht was im Zentralkomitee beschlossen war – siehe die Pressekonferenz von Günter Schabowski.

3. Wie wurden die unübersehbaren Signale aus der DDR in Bonn wahrgenommen?

Die Gespräche mit Schalk-Golodkowsky signalisierten massive wirtschaftliche Probleme der DDR. Wir erhöhten den Druck auf Einhaltung der DDR-Verpflichtungen aus der KSZE-Vereinbarung, wir forderten ein umfassendes Reisegesetz und machten wirtschaftliche Hilfen abhängig von der Einhaltung der Menschenrechte und größeren Freiheiten und Rechten für die Bürger. Wir haben im Spätsommer 1989 noch nicht mit dem schnellen Zusammenbruch der DDR gerechnet – siehe den 10-Punkte-Plan des Bundeskanzlers vom 28. November 1989. Erst der Fall der Mauer, verbunden mit der Hilflosigkeit der DDR-Führung, und die Eindrücke vom Kanzlerbesuch am 19. Dezember in Dresden gaben uns die Gewissheit, dass es zur Wiedervereinigung kommen könne und wohl auch werde. Die Bundesregierung ist dabei sehr behutsam vorgegangen – auch mit Blick auf Moskau und unsere westlichen Partner, siehe die öffentlichen Reaktionen auf die Botschaftsflüchtlinge, die Erklärungen am 9. November im Deutschen Bundestag, den Besuch des Bundeskanzlers in Dresden.

4. Wer hat die Mauer schließlich zum Einstürzen gebracht?

Es hätte wohl keine Wiedervereinigung gegeben ohne die Solidarnocz-Bewegung in Polen, ohne die Liberalisierung Ungarns, ohne seine Grenzöffnung, ohne Gorbatschow und seine Politik von Perestroika und Glasnost, ohne die Massenfluchten und Massendemonstrationen in der DDR. Die Geschichte hätte aber auch einen anderen Verlauf genommen, wenn es nicht in Bonn eine Bundesregierung gegeben hätte, die konsequent die historische Chance zur Einheit nutzte. Es gab auch ganz andere Vorstellungen, es gab Politiker, die sich mit der Existenz von zwei Staaten abfinden wollten, wenn die DDR sich demokratisiert und reformiert hätte, dann – so auch Bahr –, sollten die Westmächte diesen zweiten Staat respektieren und unterstützen.

2.2.4 Tagebuchnotiz zum 19. Dezember 1989

Die 8 Monate von Ende April, da ich zum Chef des Kanzleramtes und damit zum westdeutschen Verhandlungspartner der DDR berufen wurde, bis zum 19. Dezember, da Bundeskanzler Helmut Kohl seine berühmte und vielleicht wohl wichtigste Rede an der Ruine der Frauenkirche in Dresden hielt, übertreffen an Dramatik alles, was ich jemals erlebt habe: Von dem ungebremsten Flüchtlingsstrom in den Westen, der Verkündung der Ausreisefreiheit in Prag, dem Sturz Honeckers, dem Fall der Mauer bis hin zum Besuch des Bundeskanzlers am 19. Dezember in Dresden. (...)

Was sollte und was konnte in Dresden erreicht werden? Schon am 9. November, als die Mauer fiel, konnte ich in Abstimmung mit dem damals in Warschau weilenden Bundeskanzler im

Deutschen Bundestag erklären: „Die vorläufige Freigabe von Besuchsreisen und Ausreisen aus der DDR ist ein Schritt von überragender Bedeutung. Damit wird praktisch erstmals Freizügigkeit für die Menschen in der DDR hergestellt … Wir sind zu umfassender Hilfe bereit, wenn eine grundlegende Reform der politischen und wirtschaftlichen Verhältnisse in der DDR verbindlich festgelegt wird. Die SED muss auf ihr Machtmonopol verzichten, muss unabhängige Parteien zulassen und freie Wahlen verbindlich zusagen."

Und als Helmut Kohl am 28. November – weder abgestimmt mit den Westmächten noch mit dem Koalitionspartner FDP und vorbereitet in ganz kleinem Kreise – sein 10-Punkte-Programm präsentierte, verband er sein Angebot zu Hilfen für die DDR und zu einem umfassenden Ausbau der Zusammenarbeit mit der Forderung, dass ein grundlegender Wandel des politischen und wirtschaftlichen Systems in der DDR verbindlich beschlossen und unumkehrbar in Gang gesetzt werde, und forderte erneut freie und geheime Wahlen unter Beteiligung unabhängiger Parteien und eine Aufhebung des SED-Machtmonopols. Die Bundesregierung sei in diesem Zusammenhang sogar bereit, konföderative Strukturen zwischen beiden Staaten in Deutschland zu entwickeln, mit dem Ziel, eine Föderation, das heißt eine bundesstaatliche Ordnung in Deutschland zu schaffen. Das setze eine demokratisch legitimierte Regierung in der DDR zwingend voraus.

In den Wochen bis zum 19. Dezember verfiel die Autorität der Regierung Modrow jedoch mehr und mehr, die wirtschaftlichen und finanziellen Probleme Ostberlins traten immer mehr zutage, die Welle der Übersiedlung hielt an.

Am Morgen des 19. Dezember flogen wir nach Dresden. In der Begleitung des Bundeskanzlers befanden sich neben mir die Minister Dorothee Wilms, Helmut Haussmann, Norbert Blüm und Johnny Klein sowie aus dem Kanzleramt Horst Teltschik, Walter Neuer, Juliane Weber, Eduard Ackermann und Wolfgang

Bergsdorf. In seinen Erinnerungen „Ich wollte Deutschlands Einheit“ schreibt Helmut Kohl: „Wir waren auf der holprigen Betonpiste in Dresden-Klotzsche kaum gelandet, da wurde mir schlagartig bewusst: dieses Regime ist am Ende. Die Einheit kommt! Der gesamte Flughafen, vor allem das Gebäude, war bevölkert von tausenden von Menschen, ein Meer von schwarz-rot-goldenen Fahnen wehte in der kalten Dezemberluft – dazwischen eine fast vergessene: Es war die weiß-grüne Fahne des Landes Sachsen. Als die Maschine ausgerollt war, ich auf der untersten Stufe der Rolltreppe stand und Modrow mich vielleicht 10 Meter davon entfernt mit versteinerter Miene auf dem Flugfeld erwartete, drehte ich mich zu Rudi Seiters um und sagte: „Die Sache ist gelaufen.“ Tausende von Menschen säumten danach die Straßen, die vom Flughafen zum Hotel führten. Und auch vor dem Hotel Bellevue wartete ein riesiges Menschenheer, aus dem immer wieder die Rufe „Helmut, Helmut“ und „Deutschland, Deutschland“ erschollen und auch der Ruf, der Bundeskanzler solle sprechen.

Ich kann bestätigen, dass bei der Vorbereitung der Reise eine Rede des Bundeskanzlers in Dresden nicht beabsichtigt oder vorbereitet war, aber jetzt stand fest, dass daran kein Weg vorbeiführte, wenn man nicht die Erwartungen der Menschen total enttäuschen wollte. Die Idee, eine Rede an der Ruine der Frauenkirche zu halten, kam nach dem Mittagessen vom Dresdner Oberbürgermeister Berghofer, der damals in dem Ruf eines Reformers stand. Er besorgte auch die technische Ausrüstung – Mikrofone und das Podium. Während der Bundeskanzler seine Gespräche mit Ministerpräsident Modrow führte, hatte sein Büroleiter Walter Neuer – in Abstimmung mit Dresdner Funktionären – alle Hände voll zu tun, die organisatorischen Vorbereitungen für den Redeauftritt des Kanzlers zu treffen. Helmut Kohl hat oft berichtet – und wir in seiner Umgebung haben es unmittelbar gespürt, dass er innerlich sehr angespannt war, dass ihm klar war, er stehe vor der schwierigsten Rede in seinem Leben, es werde auf jedes Wort ankommen und jeder falsche Zungenschlag werde in Paris, in London und in Moskau der Sache enorm schaden. Er war sich im Klaren, dass es galt, Hoffnungen zu wecken, ohne dass die Emotionen überschwappten.

Die Frage war auch, wie die Kundgebung beendet werden sollte. Was würde geschehen, wenn die Menge plötzlich das Deutschlandlied anstimmen würde, möglicherweise mit der ersten Strophe „Deutschland, Deutschland über alles"? Eine Idee hatte der Bundeskanzler selbst. Der ihm bekannte Generalvikar der Hofkirche erklärte sich bereit, einen Kantor zu schicken, um für den Fall des Falles das alte Kirchenlied „Nun danket alle Gott" anzustimmen.

Am Abend dieses Tages dann eine unglaubliche Szene. In der Dunkelheit strahlten Scheinwerfer die Ruine der Frauenkirche an, als der Bundeskanzler sich seinen Weg durch tausende, vielleicht sogar hunderttausend, Menschen zur Redetribüne bahnte. In seiner Begleitung neben mir die Bundesminister Dorothee Wilms, Johnny Klein und Norbert Blüm. Transparente und Rufe verkündeten, was man wollte: „Deutschland, Deutschland.", Fahnen trugen die Aufschrift „Bundesland Sachsen". Bei dieser emotionsgeladenen Stimmung sah der Kantor keine Chance, mit einem Kirchenlied gegen diese Menge anzusingen, das habe keinen Zweck.

Die Rede des Kanzlers – nur wenige Stichworte, von einem Filzstift geschrieben, standen auf einem kleinen Zettel – war eine staatsmännische, kluge und sehr menschliche Rede. Er wendet sich an die „lieben Landsleute, er spricht ein Wort der Anerkennung und der Bewunderung für die friedliche Revolution in der DDR, er spricht von einem gemeinsamen Weg in die deutsche Zukunft mit Frieden, Freiheit und Selbstbestimmung, er spricht vom Haus Deutschland, das unter einem europäischen Dach gebaut werden müsse und er blickt zurück auf ein Jahrhundert, das in Europa und auch in Deutschland viel Not, viel Elend, viele Tote, viel Leid gesehen habe: „Hier, vor der Ruine der Frauenkirche in Dresden, am Mahnmal für die Toten von Dresden, habe ich gerade ein Blumengebinde niedergelegt, auch in Erinnerung an das Leid und die Toten dieser wunderschönen alten deutschen Stadt." Und unter der Begeisterung der Menge schließt Helmut Kohl seine Worte mit dem Ruf: „Gott segne unser deutsches Vaterland!" (...)

Das Presseecho am nächsten Tag war grandios. Der Kanzler habe den Grundstein zur deutschen Einheit gelegt. Präsident Bush rief aus Washington an und gratulierte dem Kanzler zum Erfolg seiner Reise und zu seiner großen Rede.

Zwiespältig waren die ersten Reaktionen aus Paris und London. Mit Blick vor allem auf Margret Thatcher hatte Bundeskanzler Helmut Kohl bereits nach seinem, mit den Westmächten nicht abgestimmten, 10-Punkte-Programm vom 28. November 1989 vermerkt, nie habe er einen EG-Gipfel in einer so eisigen Atmosphäre erlebt wie den in Straßburg am 8. und 9. Dezember. Viele Teilnehmer waren irritiert, denn auch in den westlichen Staaten sah man der plötzlichen Perspektive einer deutschen Wiedervereinigung eher mit Sorge entgegen. Von London war zu diesem Zeitpunkt jedenfalls wenig Hilfreiches zu erwarten. Und Frankreich? In Verkennung der Realitäten absolvierte der französische Präsident François Mitterrand noch am 20. Dezember einen Staatsbesuch in der DDR und wurde dort vom amtierenden Staatsratsvorsitzenden Manfred Gerlach (LDPD) empfangen, einem völlig unbedeutenden Politiker, einem „Wendehals" noch dazu. Dieser eher peinliche Besuch musste Mitterrand über die Situation in der DDR desillusionieren. Jedenfalls legte die Reise von Bundeskanzler Helmut Kohl am 4. Januar 1990 nach Latché, südlich von Bordeaux, zu Gesprächen mit Mitterrand den Grundstein für einen gemeinsamen Weg zur Wiedervereinigung Deutschlands, auf dem der französische Staatspräsident zu einem der verlässlichsten Partner der Bundesrepublik wurde.

Auch die Sowjetunion kam an der notwendigen Erkenntnis über das schließlich Unvermeidliche nicht vorbei. Zwar hatte Gorbatschow noch am 18. Dezember 1989 einen scharfen Brief an den Bundeskanzler gerichtet, in dem er allen Vereinigungsüberlegungen eine Absage erteilte, aber schon in den Wochen darauf gab es ganz andere Signale. Mitte Januar vereinbarten beide Seiten eine großzügige Hilfsaktion der Bundesregierung mit der Lieferung von mehr als 140.000 Tonnen von der Sowjetunion erbetener Lebensmittel zur Überbrückung von Versorgungsengpässen. Am 30. Januar gab es nach einem Gespräch zwischen Gorbatschow und dem DDR-Ministerpräsidenten Modrow erste Meldungen über Gorbatschows Äußerungen, die Sowjetunion habe prinzipiell nichts gegen eine Vereinigung der beiden deutschen Staaten einzuwenden. In den folgenden Monaten erreichte der Bundeskanzler dann ja auch den Durchbruch – zunächst bei seinen Gesprächen in Moskau am 10. Februar, als Gorbatschow erstmals zugestand, es sei Sache der Deutschen selbst, über Zeitpunkt und Weg der Einigung zu entscheiden, und dann endgültig im Kaukasus. Während eines Prozesses von nur wenigen Wochen konnte sich im Westen wie im Osten niemand mehr der Einsicht entziehen, dass man den Deutschen den Weg zur Wiedervereinigung nicht versperren könne. (…)

2.2.5 3. Oktober 1990[6]

3. Oktober 1990: Am Vortage bin ich mit dem Bundeskanzler direkt vom Vereinigungsparteitag der CDU in Hamburg, auf dem die CDU-Landesverbände Brandenburg, Mecklenburg-Vorpommern, Sachsen-Anhalt, Sachsen und Thüringen ihren Beitritt erklärten und anschließend auch die Delegierten aus Ost-Berlin, mit einer Bundeswehr-Maschine nach Berlin-Tempelhof geflogen – zum ersten Mal seit 45 Jahren mit einem deutschen Militärflugzeug, vom Boden der Bundesrepublik Deutschland direkt nach Berlin und zum letzten Mal mit einer Sondergenehmigung der Alliierten, deren Rechte in wenigen Stunden erlöschen sollten.

---

[6] Beitrag für die Nordwestzeitung zum 3. Oktober 2000

Wir nächtigen im Bundeshaus in der Pücklerstraße, einer alten Villa, Wohnsitz des deutschen Regierungschefs bei seinen Besuchen in Berlin, heute die umgebaute und neu hergerichtete Wohnung für Bundeskanzler Gerhard Schröder. Am 3. Oktober Arbeitsbesprechungen, Diskussionen, Vorbereitungen, Telefonate, eine Fernsehansprache des Bundeskanzlers – eine unbeschreibliche Stimmung, Spannung, Erwartung, jeder ist sich des historischen Augenblicks bewusst. Um 9.00 Uhr abends Festkonzert im Schauspielhaus in Ost-Berlin am jetzigen Gendarmenmarkt. Das Gewandhausorchester Leipzig unter Leitung von Kurt Masur spielt die 9. Symphonie Ludwig van Beethovens, anschließend tritt Ministerpräsident Lothar de Maizière ans Rednerpult – es ist seine letzte Amtshandlung als Regierungschef der DDR.

Um diese Zeit warten schon viele hunderttausend Menschen auf dem riesigen Platz vor dem Westportal des Reichstages, später werden es wohl fast 2 Millionen Menschen sein. Unzählige schwarz-rot-goldene Fahnen, Leuchtkugeln und Scheinwerfer, festliche Musik einer Bläsergruppe, ein immer stärker werdendes Gedränge, die Tribüne mit den Ehrengästen füllt sich, Bundespräsident von Weizsäcker, Bundeskanzler Kohl, Willy Brandt, das Bundeskabinett, die Ministerpräsidenten treten auf die Terrasse, ein riesiges Fahnentuch wird die Treppe heruntergetragen, es ertönt die Freiheitsglocke – und dann um Mitternacht nach dem Deutschlandlied und einer kurzen Ansprache des Bundespräsidenten mit dem Versprechen, in einem vereinten Europa dem Frieden der Welt zu dienen, eine unglaublich lange, fröhliche und heitere Nacht in der Bundeshauptstadt Berlin.

Ich bin in dieser Nacht kaum zum Schlafen gekommen. Ich dachte an meinen Antrittsbesuch bei Erich Honecker im Juli 1989, an die Balkonszene in Prag am 30. September, an den Fall der Mauer am 9. November, an den Besuch in Dresden am 19. Dezember 1989, an die erste freie Volkskammerwahl mit dem sensationellen Wahlsieg der CDU am 18. März 1990, an den Staatsvertrag zur Wirtschafts- und Währungsunion, den Einigungsvertrag, die Zwei-plus-Vier-Verhandlungen – in gut einem Jahr hatte sich Deutschland und Europa von Grund auf verändert. Was bleibt, ist für mich auch heute ein ganz tiefes Gefühl der Dankbarkeit.

2.2.6 Die innere Einheit vollenden – rechtliche Fragen[7]

(…) Sie werden von mir keine Vorlesung wie von Ihren Professoren erwarten; das Amt des Bundesministers des Inneren ist kein akademisches Amt, sondern ein politisches Amt, ein Amt des handelnden Staates. Aber in einem Rechts- und Verfassungsstaat ist alles Handeln des Staates auch ein Handeln mit den Mitteln und immer in den Schranken des Rechts, insbesondere des Verfassungsrechts. Es ist gerade ein Charakteristikum der Verfassung der Bundesrepublik Deutschland, daß sie für alle Staatsgewalt unmittelbar geltendes und verbindliches – und notfalls gerichtlich durchsetzbares – Recht setzt und sich nicht in schön klingenden Formeln und allgemeinen Programmsätzen erschöpft. Unser Grundgesetz ist kein „Über-Parteiprogramm", sondern, wie man sagt, eine „Juristenverfassung". Das heißt, Bundesverfassungsrecht ist hartes, ernstes und einklagbares Recht und die Regierung muss sich an seinen Rahmen halten. Darüber wacht auch das Bundesverfassungsgericht. (…)

Der Bundesminister des Innern ist für die Bundesregierung einer der zwei so genannten „Verfassungsminister" – neben dem Bundesminister der Justiz – das heißt, er klärt für die Bundesregierung als Gesamtheit federführend die verfassungsrechtlichen Fragen. Und deswegen möchte ich mich im Rahmen meines Themas auf die verfassungsrechtlichen Fragen der inneren Einheit konzentrieren – wohl wissend, dass es daneben eine Vielzahl weiterer Rechtsfragen in diesem Bereich gibt. (…)

---

[7] Vortrag an der Rechtswissenschaftlichen Fakultät der Friedrich-Schiller-Universität Jena am 3. Juli 1992

Die so genannten „inneren“ und „äußeren“ Aspekte der Herstellung der Einheit Deutschlands konnten 1990 in wenigen Monaten durch den Einigungsvertrag einerseits und den Zwei-plus-Vier-Vertrag andererseits geregelt werden. Aber damit waren natürlich nicht alle Fragen und Probleme der Einheit gelöst – das konnte übrigens auch niemand bei nüchterner Einschätzung erwarten.

Die staatliche Einheit war am 3. Oktober 1990 mit dem Wirksamwerden des Beitritts der Deutschen Demokratischen Republik zur Bundesrepublik Deutschland nach Artikel 23 des Grundgesetzes hergestellt. „Die Deutschen in den Ländern Baden-Württemberg, Bayern, Berlin, Brandenburg, Bremen, Hamburg, Hessen, Mecklenburg-Vorpommern, Niedersachsen, Nordrhein-Westfalen, Rheinland-Pfalz, Saarland, Sachsen, Sachsen-Anhalt, Schleswig-Holstein und Thüringen haben in freier Selbstbestimmung die Einheit und Freiheit Deutschlands vollendet. Damit gilt dieses Grundgesetz für das gesamte Deutsche Volk.“ So heißt es seit diesem Tag in der Präambel des Grundgesetzes.

Die ursprüngliche Präambel des Grundgesetzes vom 23. Mai 1949 hatte ganz anders ausgesehen. Die Deutschen in den damals an der Verfassungsgebung mitwirkenden Ländern des Westens, Nordwestens und Südens Deutschlands waren sich der Unvollständigkeit des neuen Staatswesens schmerzlich bewusst und rechneten damit, dem staatlichen Leben für eine Übergangszeit eine neue Ordnung zu geben. Andererseits nahmen die Väter und Mütter des Grundgesetzes für sich in Anspruch, aus der verfassungsgebenden Gewalt des deutschen Volkes heraus und „auch für jene Deutschen gehandelt (zu haben), denen mitzuwirken versagt war“. Dem entsprach es, wenn das Grundgesetz von vornherein zwei Wege zur deutschen Einheit bereit stellte: Mit dem alten Artikel 146 betrachtete es sich um der Einheit Willen als vorläufig und stellte sich gegebenenfalls zur Disposition eines künftigen gesamtdeutschen Verfassungsgebers. Mit dem alten Artikel 23 Grundgesetz hielt es für die „anderen Teile Deutschlands“ die Tür zum Staat des Grundgesetzes offen; jene Deutschen, „denen mitzuwirken versagt“ gewesen war, sollten durch einseitige Erklärung, also ohne dass es einer Annahme oder Zustimmungserklärung der Deutschen, die schon bisher unter dem Grundgesetz lebten, bedürfen sollte, ihren Beitritt zum Staat des Grundgesetzes erklären können. Von diesem Angebot haben zunächst die Saarländer, dann die Deutschen in der DDR Gebrauch gemacht. Sie haben damit den Anspruch der Grundgesetzgeber, auch für jene Deutschen gehandelt zu haben, denen mitzuwirken versagt gewesen war, im Nachhinein bestätigt. Es war die große Stunde des Grundgesetzes, als der Einigungsvertrag die Feststellung einfügen konnte: „Damit gilt dieses Grundgesetz für das gesamte Deutsche Volk.“

Mit dem Beitritt war nicht automatisch die Rechtseinheit in ganz Deutschland hergestellt. Wie das Grundgesetz, so musste auch das Bundesrecht auf den beigetretenen Teil übergeleitet werden. Dies geschah nicht wie im Saarland durch ein Überleitungsgesetz des Bundes. Der völlig anderen Dimension des Beitritts der 40 Jahre lang unter gänzlich anderen politischen, wirtschaftlichen und rechtlichen Bedingungen gewachsenen DDR entsprechend, wurde in intensiven Verhandlungen zwischen den beiden Regierungen – auf Bundesseite unter intensiver Beteiligung der Länder – das gesamte Bundesrecht gesichtet und auf seine Anwendbarkeit hin überprüft. Im Laufe der Verhandlungen setzte sich dann bei allen Seiten der Eindruck durch, dass eine im Grundsatz vollständige Überleitung des Bundesrechtes mit ausdrücklich geregelten Ausnahmen und teilweisen Fortgelten von einzelnen Bestimmungen des Rechts der DDR dem Modell des Artikels 23 Grundgesetz und den Erwartungen der Bevölkerung in der damaligen DDR am besten gerecht würde. Dieses Modell hat sich im Einigungsvertrag (EV) niedergeschlagen. Artikel 8 EV bestimmt das Inkrafttreten des gesamten Bundesrechts im beigetretenen Teil Deutschlands. Trotzdem haben wir bis heute keine vollständige Rechtseinheit in der ganzen Bundesrepublik und werden sie auch auf absehbarer Zeit nicht haben.

- In der Anlage I ist ein riesiges Paket an Ausnahmeregelungen zusammengetragen, die einzelne Vorschriften des Bundesrechts oder ganze Gesetze vorläufig nicht oder in modifizierter Form in Kraft setzen. Es handelt sich hierbei um so genanntes „partikulares Bundesrecht", also Bundesrecht, das nur in einem Teil des Bundesgebietes gilt. Diese Differenzierung ist als Folge der jahrzehntelangen Teilung und im Interesse einer schonenden und schrittweisen Anpassung an die zum Teil sehr komplizierten Regelungen im bisherigen Bundesgebiet zulässig, und zwar sogar dann, wenn dies einzelnen Bestimmungen des Grundgesetzes widersprechen sollte: Das Bundesverfassungsgericht hat schon im Fall des Beitritts des Saarlandes eine schrittweise Annäherung an den vollverfassungsmäßigen Zustand gebilligt und auf Artikel 23 Grundgesetz gestützt. Nach dessen Streichung wird dieses Vorgehen ausdrücklich von Artikel 143 Grundgesetz für eine Übergangszeit erlaubt. Bis dahin bildet der beigetretene Teil Deutschlands unter rechtlichen Aspekten also nach wie vor eine Einheit. Es gibt nicht nur die „neuen Länder", sondern auch den durch die gemeinsame Vergangenheit der jahrzehntelangen Geltung der Rechts- und Wirtschaftsordnung der DDR geprägten Rechtsraum „Beitrittsgebiet", zu dem übrigens auch die Ostbezirke des Landes Berlin gehören.

- Aber die Rechtsordnung der Bundesrepublik Deutschland erschöpft sich nicht im Bundesrecht. Trotz der vielfältigen Klagen der Lander über Kompetenzverluste gibt es nach wie vor einen großen und wichtigen Bereich, der durch den Landesgesetzgeber geregelt werden muss und der für ein funktionierendes Staatswesen unverzichtbar ist. Das Landesrecht in seiner bis dahin elffachen Vielfalt konnte natürlich nicht auf die 5 neuen Länder übergeleitet werden. Einen gewissen Ersatz schafft Artikel 9 Absatz 1 EV, der dasjenige Recht der DDR, das nach der Kompetenzordnung des Grundgesetzes Landesrecht wäre, in den neuen Ländern jeweils als Landesrecht vorerst weitergelten läßt. Das deckt aber nicht den ganzen Bereich ab und vor allem gilt es nicht dort, wo das Recht der ehemaligen DDR rechtstaatlichen Ansprüchen nicht genügt. Vor den 5 Landesgesetzgebern türmte sich also eine riesige Aufgabenflut auf, bevor die neuen Länder zu funktionierenden Rechtsstaaten werden konnten. Auch wenn man sich dabei jeweils an Vorbildern aus den alten Bundesländern orientieren kann und das angesichts der dort in Jahrzehnten gewachsenen Sachkenntnisse sinnvollerweise auch getan hat, gilt der Leistung der ersten Landtage in den neuen Ländern meine ganz besondere Hochachtung. Sie haben einen unschätzbaren Beitrag zur Vollendung der inneren Einheit geleistet.

- Keine Rechtseinheit durch Überleitung von Recht konnte und durfte es aber insbesondere auf dem Gebiet des Landesverfassungsrechtes geben. Die Gestaltung der Landesverfassungen fällt in die ureigenste Kompetenz der Länder und dieses kann ihnen niemand abnehmen. Zwar konnten durch das Ländereinführungsgesetz in der knappen Form, die ihm der Einigungsvertrag gegeben hat, die Länder, die es seit 1952 in der DDR nicht mehr gegeben hatte, neu gebildet werden – entgegen den ursprünglichen Planungen der DDR übrigens nicht erst am 14. Oktober 1990, dem Tag der ersten Landtagswahlen, sondern durch den Einigungsvertrag vorgezogen auf den 3. Oktober, dem Moment der Herstellung der Einheit Deutschlands. Man kann also als Kurzformel sagen: „Die DDR ist beigetreten; 5 neue Länder (und der Ostteil Berlins) sind Teil der Bundesrepublik Deutschland geworden“.

Die Landesverfassungsgebung aber konnte und durfte weder die damalige DDR noch der Bund den Ländern abnehmen. Dies ist eine Angelegenheit von besonderer Bedeutung, auf die ich im größeren Zusammenhang etwas näher eingehen möchte:

Seit der Fluchtwelle von 1989 – die Verhandlungen um die Ausreise der zahlreichen Botschaftsflüchtlinge, die ich damals als Kanzleramtsminister zu führen hatte, stehen mir noch deutlich vor Augen – und mit der Maueröffnung im November begann die „Wende“ in der DDR. Mit der inneren Auflösung und Erosion des Staates der SED war die DDR in eine revolutionäre Umbruchsituation eingetreten. Das scheinbar so festgefügte System des so genannten „demokratischen Zentralismus“ und des allgegenwärtigen Staatssicherheitsdienstes erwies sich plötzlich zu unserer aller Überraschung als ein tönerner Koloß. Das soll nicht heißen, dass der Übergang, so wie er geschah, selbstverständlich war – die Gefahr einer so genannten „chinesischen Lösung“, das heißt einer verzweifelten Gegenwehr der alten bewaffneten Kräfte stand uns allen vor Augen, und es war der ganz besondere Erfolg der friedlichen Revolution in der DDR, eine Diktatur mit unblutigen Mitteln zu überwinden.

Den großen Einschnitt bildeten die ersten freien Wahlen in der DDR am 18. März 1990. Diese brachten zum einen eine überwältigende Mehrheit für die Parteien der Einheit und zum anderen einen Wahlsieg der „Allianz für Deutschland“, die sich für eine schnelle Einheit auf dem Weg über Artikel 23 Grundgesetz ausgesprochen hatte. Von jetzt ab gab es zwar ein demokratisch legitimiertes Parlament und eine demokratische Regierung, die durch eine große Koalition von CDU, DSU, Demokratischer Aufbruch, SPD und den liberalen Parteien gestellt wurde, aber die DDR als separater Staat festigte sich nicht wieder. Zu einer neuen, demokratischen DDR-Verfassung kam es nicht mehr; man behalf sich damit, die alte DDR-Verfassung als „formell fortgeltend“ zu behandeln und mit dem „Verfassungsgrundsätzegesetz“ durch die Prinzipien einer freiheitlich demokratischen Ordnung zu überlagern.

Die Schaffung eines neuen Ordnungsrahmens erübrigte sich zum Teil durch den immer weiter vorgezogenen Beitritt: Durch die Möglichkeit der einseitigen Erklärung des Beitritts zum fertigen und intakten Staat des Grundgesetzes konnte die im Umbruch befindliche DDR die Stabilität, Legitimität und Verfassungsstaatlichkeit des anderen deutschen Staates en bloc übernehmen und auf schnellstem Wege diejenige freiheitlich demokratische Grundordnung einführen, die dem Wunsch der Menschen entsprach. Das Modell des Beitritts bedeutete keine Staatsfusion, sondern den Untergang des beitretenden Staates DDR, während die Bundesrepublik Deutschland als Staat identisch blieb, jetzt zwar als Staat aller Deutschen und gebietsmäßig vollständig, aber juristisch derselbe Staat, die gleiche Rechtsperson, das gleiche Völkerrechtssubjekt. Dementsprechend mussten auch die Mitgliedschaften in UNO, EG und allen Völkerrechtspakten nicht neu verhandelt werden. Die Verfassung der Bundesrepublik Deutschland blieb bestehen, das heißt es wurden keine langen Neuverhandlungen der Verfassung wie bei dem Weg über Artikel 146 Grundgesetz nötig. Die Angst, wie 1848/49 durch langwierige Verfassungsdebatten die historische Chance der Einheit in Freiheit zu verpassen, realisierte sich nicht.

Andererseits konnte ein so fundamentales Ereignis wie der Beitritt der über 40 Jahre als eigener Staat existierenden DDR nicht ohne jede Anpassung der Verfassung vonstatten gehen. Das Konzept der Verhandlungen des Einigungsvertrages war es, die Änderungen der Verfassung selbst auf das unmittelbar durch die Einigung bedingte unverzichtbare Mindestmaß zu beschränken, und alle sonstigen Fragen einer späteren Verfassungsdiskussion anzuvertrauen. Das erste ist in dem Artikel 4 EV geschehen, der zum Beispiel die Präambel geändert hat, der Artikel 23 Grundgesetz aufgehoben hat oder den Artikel 146 Grundgesetz neu gefasst hat. Das zweite ist in Artikel 5 EV geschehen. Unter der Überschrift „Künftige Verfassungsänderungen" wird von den Regierungen der beiden Vertragsparteien den gesetzgebenden Körperschaften des vereinten Deutschland empfohlen, sich innerhalb von 2 Jahren mit den übrigen im Zusammenhang mit der deutschen Einigung aufgeworfenen Fragen zur Änderung oder Ergänzung des Grundgesetzes zu befassen. Dies ist die gegenwärtige Verfassungsdiskussion, die von einer gemeinsamen Verfassungskommission von Bundestag und Bundesrat gegenwärtig für die endgültige Beschlussfassung in den nach Artikel 79 Grundgesetz für Verfassungsänderungen zuständigen Gremien vorbereitet wird; ich werde darauf näher eingehen.

Aber der revolutionäre Impuls des Frühjahrs 1990 verbrauchte sich nicht in der Stabilität des fortbestehenden Grundgesetzes und der Stabilität des Staatswesens Bundesrepublik Deutschland. Es ist im Grunde nicht verwunderlich, dass er auf der Ebene des Gesamtstaates nicht zum Ausdruck kam, denn vier Fünftel der Deutschen des gemeinsamen Staates hatten keine Revolution gemacht und hatten keine machen müssen, sie hatten das Glück, bereits während der vergangenen 40 Jahre in einem Staatswesen leben zu können, das ihren Wünschen entsprach. Vor allem aber richtete sich der revolutionäre Elan der Wendezeit gerade nicht gegen das Grundgesetz, sondern gegen den Staat der SED und zielte auf eine Ordnung wie das Grundgesetz ab.

Auf der Ebene der neugebildeten Länder fand sich dagegen jenes Vakuum politischer und rechtlicher Ordnung, das nach der Beseitigung einer alten Ordnung zu erwarten war. Zwar gab es auch im Beitrittsgebiet niemals einen wirklich rechtslosen Zustand. Zum einen galt hier seit dem 3. Oktober das gesamte Bundesrecht, zum anderen waren große Teile des einfachen Rechts der ehemaligen DDR als Landesrecht der jeweiligen Länder durch den Einigungsvertrag übergeleitet worden. Aber es gab keine Landesverfassungen und konnte sie nicht geben, denn Landesverfassungsgebung muss aus dem autonomen Willen des jeweiligen Landes erfolgen und kann durch keine Überleitung oder bundesrechtliche Regelung ersetzt werden. Die Gestaltung der eigenen Staatsfundamentalnormen ist die ureigenste Kompetenz der Länder und die ersten Landtage, die zugleich als verfassungsgebende Versammlungen gewählt worden waren, haben sich ihr mit großem Engagement angenommen. Jedes der neuen Länder hat hier durchaus, was das Verfahren und die Inhalte der Landesverfassungsgebung anbetrifft, seine eigenen Wege gefunden und nach 40 Jahren der Vereinheitlichung beginnen für uns alle die neuen Länder in ihrer jeweiligen Individualität zu erscheinen. Es sind hier sehr unterschiedliche Wege gegangen worden und ich halte es durchaus nicht für ausgemacht, ob nicht möglicherweise ein Land, das wie Thüringen sich für die vornehmste Aufgabe eines Verfassungsstaates mehr Zeit genommen hat, am Ende nicht mit einer ausgereifteren oder ausgewogeneren Verfassung in die nächsten Jahrzehnte seiner staatlichen Existenz geht. Mehr als dies möchte ich zu den neuen Landesverfassungen im einzelnen nicht sagen: Landesverfassungsgebung ist im Grundsatz eine ureigenste Angelegenheit der Länder und bedarf der Kommentierung durch die Bundesregierung nicht.

Auf eines möchte ich allerdings doch hinweisen: Alle Betonung der Staatsqualität und Verfassungshoheit der Länder darf nicht zu dem Missverständnis führen, als handle es sich bei den Bundesländern gewissermaßen um souveräne Staaten, die sich mit anderen Ländern zu einem Staatenbund zusammenschließen. Die Bundesrepublik Deutschland ist kein Staatenbund, wie zum Beispiel der „Deutsche Bund" des 19. Jahrhunderts es war, sondern ein Bundesstaat, eine „Bundesrepublik". Die Länder sind Gliedstaaten des Bundesstaates, dessen Verfassung, das Grundgesetz, den allgemeinen Rahmen für den Gesamtstaat abgibt. An dessen Kompetenzverteilungsregeln, Grundprinzipien und Grundrechte müssen sich die Länder und auch die Landesverfassungsgeber halten. Sie finden diese Mindeststandards staatsrechtlicher Homogenität in Artikel 28 des Grundgesetzes. Artikel 31 Grundgesetz spricht einen eindeutigen Vorrang des Bundesrechts aus, wo Landesrecht seinen Kompetenzrahmen verläßt. In Artikel 28 Absatz 3 des Grundgesetzes wird zudem eine spezielle Pflicht des Bundes festgelegt, zu „gewährleisten", dass die verfassungsmäßige Ordnung in den Ländern den Grundrechten und den Homogenitätsstandards des Grundgesetzes entspricht. Aus dieser Verpflichtung heraus muss sich der Bund zum Beispiel gegenwärtig mit der vor drei Wochen in Kraft getretenen brandenburgischen Verfassung auseinandersetzen, die ja verfassungspolitisch sehr umstritten war. Unsere Prüfung und die Abstimmung innerhalb der Bundesregierung ist derzeit noch nicht abgeschlossen. (...)

Der Bund wird hier sehr zurückhaltend sein, was die „Gewährleistung" der Homogenität der Landesverfassungen mit der Bundesverfassung angeht. Selbst wo ich als Brandenburger schärfsten Widerspruch gegen eine verfassungspolitische Grundkonzeption einlegen würde, werde ich als Bundesminister die Verfassungsautonomie des Landes, nach seiner eigenen Fasson selig zu werden, respektieren. Wo einzelne Vorschriften mit dem Grundgesetz oder dem Bundesrecht kollidieren, klären die Kollisionsregeln unseres Rechts, insbesondere der Artikel 31 des Grundgesetzes, die Lage eindeutig zugunsten des Bundesrechts. Der Bund kann darum davon ausgehen, dass bei eindeutiger Rechtslage kein gesondertes Eingreifen nach Artikel 28 Absatz 3 Grundgesetz erforderlich ist und das geltende Recht von Verwaltungen und Gerichten angewandt wird, auch wenn es meines Erachtens von einem Land nicht sehr bundesfreundlich ist, in eine neue, nachgrundgesetzliche Verfassung Bestimmungen aufzunehmen, die von vornherein wegen einer Kollision mit Bundesrecht unwirksam sind. Wo eine Bestimmung der Landesverfassung noch durch ein einfaches Landesgesetz umgesetzt werden muss, da kann der Bund, wie ich meine, davon ausgehen, dass der Landesgesetzgeber bei dieser Umsetzung die geltende Rechtslage, also auch das für ihn verbindliche Bundesrecht beachten wird.

Ich halte diese zurückhaltende Interpretation der „Gewährleistungspflicht" des Bundes aus Artikel 28 Absatz 3 Grundgesetz für richtig, weil das Gebot bundesfreundlichen Verhaltens im Bundesstaat nicht nur an die Adresse der Länder gerichtet ist, sondern auch das Verhalten des Bundes gegenüber den Ländern leitet. Bei aller Zurückhaltung des Bundes ist aber nicht ausgeschlossen, dass wir am Ende der Prüfung bei einzelnen Bestimmungen zu dem Ergebnis kommen, das geht zu weit, das verlässt den Rahmen der Mindeststandards staatsrechtlicher Homogenität im Bundesstaat, und dass der Bund gegen eine solche Vorschrift, notfalls auch vor dem Bundesverfassungsgericht, vorgehen muss.

Die gegenwärtige Landesverfassungsgebung ist also der eigentliche Ansatzpunkt für verfassungsgeberische Energien. Die Verfassungsdiskussion im Bund läuft dagegen nur auf partielle Verfassungsänderungen an der fortgeltenden Bundesverfassung „Grundgesetz" hinaus. Ich habe vorhin schon angesprochen, dass es das Konzept des Einigungsvertrages gewesen war, alles unmittelbar durch die Einigung bedingte sofort zu regeln. Dementsprechend stehen jetzt eine große Zahl von Vorschlägen zur Diskussion, deren Beziehung zur Herstellung der staatlichen Einheit zum Teil nur sehr locker ist, die genau genommen „anlässlich" der Einheit vorgebracht oder wieder vorgebracht werden. Keine Rolle mehr spielen die … so genannten „sozialistischen Errungenschaften", nachdem sich in einem Feld nach dem anderen herausgestellt hat, dass es sich größtenteils um Lieblingsgegenstände der Propaganda gehandelt hat und die Realität so vorbildhaft oder gar imitationswürdig nicht gewesen ist. Viele Politiker aus dem Osten haben das in den letzten Jahren betont und auch in den Landesverfassungen hat man davon überall Abstand genommen.

Auf der anderen Seite stehen eine Reihe von Vorschlägen, die in keiner Weise neu oder durch die Einigung bedingt sind, sondern wo Vorschläge wieder aufgewärmt wurden, die in den letzten Jahrzehnten in der Bundesrepublik schon wiederholt diskutiert und verworfen wurden. Ich denke zum Beispiel an die Frage von plebiszitären Elementen auf Bundesebene, mit der sich in den 70er Jahren in mehreren Beratungen eine Enquete-Kommission aus Abgeordneten und Wissenschaftlern beschäftigt hat. Man hat das für die Bundesebene damals einmütig abgelehnt, weil eine Stärkung der parlamentarischen Demokratie nicht zu erwarten sei, weil die meisten Fragen in unserer komplexen Welt zu kompliziert sind, um sie in einfachen „Ja-Nein-Alternativen" entscheiden zu können. Plebiszite simplifizieren, sind kompromissfeindlich und polarisieren, und die Befürchtung bleibt bestehen, dass sie die „Stunde der Demagogen" sind. Schließlich bedeutet auch ein Plebiszit auf Bundesebene notwendigerweise die Außerkraftsetzung des Föderalismus in diesem Bereich, denn es gibt keinen Vermittlungsausschuss zwischen Bundesrat und Volk. All dies sind zwingende Sachprobleme, die sich durch den Beitritt der DDR in keiner Weise geändert haben. Was vorher rechtlich nicht ging, wird durch das Hinzutreten von 5 neuen Ländern nicht einwandfrei.

Es gibt das Argument, man müsse auf die Befindlichkeit der Menschen im Osten, die die Lasten der Teilung und des Sozialismus getragen haben und deren Probleme auch jetzt nicht mit einem Schlage beseitigt sind, berücksichtigen. Wir kennen das Argument seit der Staatsrechtslehre der Weimarer Republik, dass Verfassung wesentlich auch „Integration" der Menschen sei. Ich weiß nicht, ob das nicht zum großen Teil ein Juristenglaube ist. Integration durch Normen? Ich bin skeptisch, ob sich die Bürger so intensiv mit Verfassungen auseinandersetzen und ihre Befindlichkeit davon abhängt, was in Artikel XY Absatz 1 geschrieben ist. Erfolgt Integration nicht vielmehr dadurch, dass ein Staatswesen funktioniert, seinen Bürgern Sicherheit, Freiheit und Wohlstand garantiert – nicht auf dem Papier, sondern in der Wirklichkeit? Vor allem aber entbindet das Befindlichkeitsargument nicht davon, im Einzelfall jeweils genau zu prüfen, ob ein bestimmter Vorschlag denn wirklich den Menschen in den neuen Ländern nützt.

Nehmen wir zum Beispiel die Frage einer Festschreibung des „Rechts auf Arbeit": Wir, und das heißt immer auch die Bürger im Osten, brauchen doch nicht ein Recht auf Arbeit, sondern

Arbeit. Eine Verfassung kann keine Arbeitsplätze schaffen. Wer das vorspiegelt, der täuscht. Arbeitsplätze schaffen Unternehmen, die etwas produzieren, das andere gebrauchen können und Gewerkschaften und Arbeitnehmer, die sich für die Wirtschaftspolitik mitverantwortlich fühlen. Das alte Dilemma eines „Rechts auf Arbeit“ ist es doch, dass es entweder keine greifbare Bedeutung hat oder aber die Verfügungsgewalt des Staates über Arbeitsplätze und unternehmerische Entscheidung voraussetzt. Das erste braucht keiner, das zweite kann nach dem Scheitern dieses Modells im ganzen früheren Ostblock niemand wollen. Denn Verfügung des Staates über die Arbeitsplätze und die unternehmerischen Entscheidungen, das ist im Grunde „Sozialismus“, oder in wissenschaftlicher Terminologie ausgedrückt, „zentrale Verwaltungswirtschaft“ und nicht „freie Verkehrswirtschaft“.

Oder nehmen wir die Frage der Verankerung weiterer „Staatsziele“: Jedes Staatsziel, das in der Verfassung festgeschrieben wird, entzieht ganze Bereiche der politischen Entscheidung, das heißt der Entscheidung durch die demokratisch legitimierten und am Ende der Legislaturperiode zur Verantwortung zu ziehenden Volksvertreter. Jeder Punkt, der in der Verfassung vorentschieden wird, verlagert die spätere Auseinandersetzung aus den Parlamenten vor die Gerichte, die dann letztinstanzlich entscheiden müssen, ob eine bestimmte Politik dem Staatsziel gerecht wird oder nicht. Das verändert unser politisches System fundamental und es ist doch sehr die Frage, ob es im Effekt der Befindlichkeit der Menschen im Osten hilft oder eher schadet. Aber ich will hier kein negatives Bild der Verfassungsdiskussion zeichnen. In der Gemeinsamen Verfassungskommission des Deutschen Bundestages und des Bundesrates werden wichtige Gegenstände verhandelt und ich denke, dass am Ende dem verfassungsändernden Gesetzgeber eine Reihe von Vorschlägen unterbreitet werden. Ich denke hier an die in Zusammenhang mit der Ratifizierung des Maastrichter Vertrages über die Europäische Union erforderliche Ergänzung des Grundgesetzes, die Voraussetzung für die völkerrechtliche Ratifizierung durch die Bundesrepublik Deutschland ist. Die Ratifizierung erfordert Grundgesetzänderungen in verschiedenen Bereichen:

- Bereits in Artikel 5 EV ist der Gemeinsame Beschluss der Ministerpräsidenten vom 5. Juli 1990 angesprochen, wonach aus der Sicht der Ministerpräsidenten die fortschreitende europäische Integration Änderungen des Grundgesetzes erforderlich macht. Ausführliche Vorschläge hierzu sind bereits von der Verfassungsreformkommission des Bundesrates entwickelt worden. Wie Sie der Tagespresse entnommen haben, hat die Gemeinsame Verfassungskommission am 26. Juni dieses Jahres die Einfügung eines neuen Artikels 23 in das Grundgesetz empfohlen. Der neue Europaartikel nennt als Zielbestimmung unseres Staatswesens die Verwirklichung eines vereinten Europas, näherhin die Entwicklung der Europäischen Union, und verbindet dies mit einer Strukturklausel. Die Integrationsgemeinschaft der Europäischen Union, an deren Schaffung und weiterem Ausbau wir tatkräftig mitwirken wollen, soll demokratischen, rechtsstaatlichen, sozialen und föderativen Grundsätzen sowie dem Grundsatz der Subsidiarität verpflichtet sein und einen unserem Grundgesetz im Wesentlichen vergleichbaren Grundrechtsschutz gewähren. Damit wird zu Beginn der von Maastricht markierten neuen Etappe der europäischen Integration unseren Bürgern sowie unseren Partnerstaaten dokumentiert, welche Strukturen wir Deutsche im vereinten Europa anstreben, nach welchen innerstaatlichen Regeln sich die weitere Integration vollziehen soll und wie die Bundesländer daran teilnehmen. Weiter sollen künftig Hoheitsrechtsübertragungen auf die Europäische Union, sofern sie der einfache Gesetzgeber vornehmen darf, an die Zustimmung des Bundesrates gebunden werden. Außerdem werden die Mitwirkungsrechte der Länder durch den Bundesrat in Angelegenheiten der Europäischen Union näher bestimmt. Dabei geht es darum, die Intensität der Mitwirkung differenziert zu gestalten je nach dem Ausmaß der Betroffenheit der Länder vor dem Hintergrund der Kompetenzverteilung zwischen Bund und Ländern. So wird beispielsweise im Rahmen der Willensbildung des Bundes für die Festlegung der Verhandlungslinie in Angelegenheiten der Europäischen Union die Auffassung des Bundesrates zu berücksichtigen sein, soweit die Angelegenheit nach der innerstaatlichen Kompetenzverteilung in die ausschließliche Zuständigkeit des Bundes fällt und zugleich Interessen der Länder betrifft. Eine gesteigerte Form der Mitwirkung soll es für Vorhaben der Europäischen Union geben, die nach der innerstaatlichen Kompetenzverteilung in die Gesetzgebungszuständigkeit der Länder fallen. Hier soll die Auffassung des Bundesrates maßgeblich berücksichtigt werden. Die Verfassungskommission empfiehlt weiter, dass ein Ländervertreter die Rechte, die der Bundesrepublik Deutschland als Mitgliedstaat der Europäischen Union zustehen, in den Fällen, in denen im Schwerpunkt ausschließliche Landeskompetenzen betroffen sind, auf europäischer Ebene wahrnehmen kann. Der Unions-Vertrag läßt dies durch eine entsprechende Änderung des Artikels 146 des EG-Vertrages zu. In der Verfassungskommission habe ich zur Regelung der Mitwirkungsrechte der Länder in Angelegenheiten der Europäischen Union einen Prüfungsvorbehalt der Bundesregierung angemeldet, weil sich hier komplizierte verfassungsrechtliche Fragen des Bund-Länder-Verhältnisses stellen, verbunden mit ganz praktischen Fragen der wirksamen Geltendmachung der Belange der Bundesrepublik Deutschland in den Einrichtungen der Europäischen Union. Wir dürfen einerseits die Handlungsfähigkeit der Bundesrepublik auf europäischer Ebene nicht beeinträchtigen, wollen aber auch die durch den Europäischen Integrationsprozess berührte Staatlichkeit unserer Länder nicht unterminieren.

- Für die im Unions-Vertrag vorgesehene Unionsbürgerschaft, die unter anderm ein kommunales Wahlrecht für Unionsbürger mit Wohnsitz in einem Mitgliedstaat, dessen Staatsangehörigkeit sie nicht besitzen, vorsieht, ist das Grundgesetz in Artikel 28 Absatz 1 zu ändern. Denn nach der Rechtsprechung des Bundesverfassungsgerichts dürfen nur Deutsche im Sinne des Grundgesetzes das aktive und passive Wahlrecht auch zu den Vertretungen in Kreisen und Gemeinden haben.

- Die im Unions-Vertrag gleichfalls vorgesehene Errichtung einer Wirtschafts- und Währungsunion wird mit der Übertragung umfassender geldpolitischer Befugnisse auf eine Europäische Zentralbank verbunden sein. Mit Rücksicht auf die im Grundgesetz enthaltene Regelung zur Deutschen Bundesbank (Artikel 88 Grundgesetz) ist auch insoweit eine Änderung des Grundgesetzes erforderlich, weil durch diese Hoheitsübertragung nach überwiegender Auffassung der Verfassungsjuristen ein Eingriff in wesentliche Strukturen des Grundgesetzes verbunden ist.

Das sind die wesentlichen Fragen, die gegenwärtig im Zusammenhang mit der Ratifikation des Vertrages von Maastricht diskutiert werden. Ich denke zum anderen an die Frage, ob wir im Rahmen der europäischen Einigung unseren außerordentlich großzügigen und weitgefassten Asylartikel 16 des Grundgesetzes dem europäischen Normalmaß angleichen müssen. Meine Antwort ist eindeutig: Es wird kein europäisches Asylrecht, es wird keine Harmonisierung des europäischen Asylrechts geben können, ohne dass die Bundesrepublik Deutschland ihren vom Artikel 16 Grundgesetz geprägten nationalen Vorbehalt aufgibt. Eine einheitliche Definition des sicheren Drittstaates, des Erstaufnahmelandes, der verfolgungsfreien Herkunftsländer oder anderer Probleme wird es nicht geben können, solange der Artikel 16 Grundgesetz und die damit verbundene Rechtsprechung des Bundesverfassungsgerichts uns daran hindern, zumal kein anderes europäisches Land bereit ist zu einer Harmonisierung auf der Grundlage des nationalen deutschen Rechts. Das Recht auf Schutz vor politischer Verfolgung und auf Asyl in Deutschland bei politischer Verfolgung wird es auch künftig in Deutschland geben. Der Kerngehalt des Asylrechts wird nicht angetastet, aber in einer Welt der offenen Grenzen, insbesondere des Wegfalls der Binnengrenzen in Europa zum 1. Januar 1993, kann es für die Lösung der Probleme politischer Verfolgung oder weltweiter Wanderungsbewegungen keine nationalen Antworten mehr geben, sondern es bedarf dazu gemeinsamer europäischer und internationaler Anstrengungen. Im Grunde brauchen wir eine europäische Asylrechtskonvention, und daran muss sich die Bundesrepublik Deutschland voll und gleichberechtigt, mit allen Rechten und allen Pflichten, beteiligen können.

Durchaus im Zusammenhang mit der Einheit und der Herstellung der vollen Souveränität Deutschlands steht die Frage der Verständigung und verfassungsrechtlichen Klarstellung der künftigen Rolle deutscher Streitkräfte im Rahmen der UNO.

Weitgehende Einigkeit steht schließlich in Bezug auf die Aufnahme eines Staatsziels Umweltschutz in das Grundgesetz.

In der politischen Diskussion der Bundesrepublik in der Zeit, bevor man an eine baldige Herstellung der Einheit Deutschlands zu denken wagte, hat der Begriff des „Verfassungspatriotismus“ eine nicht unbedeutende Rolle gespielt. Es war vielleicht ein typisches Produkt der Zeit der Teilung, als uns der Gegenstand eines normalen, überall auf der Welt anzutreffenden Patriotismus abhanden gekommen war. Wenn es schon kein einig Vaterland gab, auf das man stolz sein könnte, dann doch wenigstens auf unsere Verfassung, das Grundgesetz, für das wir in der Welt geachtet und vielleicht zum Teil sogar beneidet wurden. Deutschland ist heute eine der großen europäischen Nationen. Das Trauma der jahrzehntelangen Teilung, das vom Ausland aus den Deutschen viel öfter attestiert wurde, als wir es uns selber eingestanden haben, beginnt langsam auszuheilen. Dennoch glaube ich, dass sich mit der deutschen Einheit der Begriff des Verfassungspatriotismus nicht erübrigt hat. Er war nicht nur ein Gebot der Not. Vergessen wir über der Einheit und den vielen noch nicht gelösten Problemen der inneren Einheit den Stolz auf unsere Verfassung nicht. (…)

Nach Vollendung der staatlichen Einheit stehen wir jetzt vor der historischen Aufgabe, einheitliche, rechtliche, wirtschaftliche, soziale und ökologische Lebensverhältnisse in ganz Deutschland zu schaffen. Was wir uns hier vorgenommen haben, ist ein gigantisches Unternehmen – die Umwandlung einer über 40 Jahre gewachsenen sozialistischen, zentralistischen, planwirtschaftlichen Kommandowirtschaft in eine soziale Marktwirtschaft innerhalb von wenigen Jahren. Dies ist nicht nur eine wirtschafts- und finanzpolitische Herausforderung, sondern vielleicht mehr noch eine geistige und kulturelle Herausforderung, in Deutschland zwei gegensätzliche Gesellschaftsordnungen zu vereinen, die nicht nur durch einen unterschiedlichen Lebensstandard, sondern über viele Jahrzehnte hinweg durch ein unterschiedliches gesellschaftspolitisches Bewusstsein geprägt waren. Die Zwangsherrschaft in der DDR hat ja nicht nur den Häusern und Fabriken, den Straßen und der Umwelt schwere Schäden zugefügt, sie hat auch tiefe Wunden in den Köpfen und Herzen hinterlassen. Deswegen plädiere ich – wo immer ich dies kann – in den westlichen Bundesländern für ein ganz hohes Maß an Einfühlungsvermögen und Verständnis, an Anpassungs- und Opferbereitschaft, zumal ich nicht erkennen kann, dass wir bisher die Solidarität unserer Mitbürger in den westlichen Bundesländern überfordert hätten. Ich appelliere gleichzeitig aber auch an unsere Mitbürger in den neuen Bundesländern, ein wenig Geduld zu haben – wir sind auf gutem Wege, und wir werden unsere Anstrengungen noch weiter verstärken. Auch mit Blick auf das europäische und insbesondere das osteuropäische Umfeld möchte ich bei allen Problemen, die wir sicherlich im Innern unseres Landes und im internationalen Bereich noch bewältigen müssen, doch behaupten: Wir haben am Ende eines Jahrhunderts, das unglaublich viel Elend, Not und Leid über viele Menschen gebracht hat, doch eine ganz große Chance, die vor uns stehenden Aufgaben in einer gemeinsamen Anstrengung zu meistern:

- in einem freien und geeinten Deutschland,
- auf dem Boden des Rechtsstaats und einer guten Verfassung,
- mit der Leistungskraft der sozialen Marktwirtschaft und
- in guter Nachbarschaft mit den Völkern der Welt.

2.2.7 Handlungsspielräume deutscher und internationaler Akteure im Vereinigungsprozess[8]

„(...) Wenn man die Politik der Bundesrepublik Deutschland im Vereinigungsprozess unter dem Gesichtspunkt der Handlungsfreiräume – also unter einem wesentlichen außenpolitischen Gesichtspunkt – zu resümieren versucht, so ist es hilfreich, sich zunächst noch einmal die Rahmenbedingungen und Handlungsmöglichkeiten der Deutschlandpolitik in den Jahren zuvor zu vergegenwärtigen.

Das entscheidende Rahmendatum jeder Deutschlandpolitik seit 1949 war die Dominanz der internationalen Beziehungen. Die Teilung Deutschlands als unmittelbare Folge und als geographisches Zentrum des Ost-West-Konfliktes bedeutete, dass die Situation an der Trennlinie der beiden Blöcke, das Verhältnis der beiden Teilstaaten zueinander und damit auch jede Veränderung dieser Gegebenheiten unmittelbar das Ost-West-Verhältnis in Europa und insbesondere die Interessen der beiden Großmächte berührte.

Das bedeutete keineswegs, dass es nicht auch eigenständige Gestaltungsmöglichkeit für die deutschen Akteure im Ost-West-Konflikt gab: Sie konnten – mehr oder weniger – dazu beitragen, dass Spannungen sich verschärften oder verringerten; sie konnten darauf einwirken, ob die Folgen der Teilung für die Men-

[8] Auszug aus dem Protokoll der öffentlichen Anhörung der Enquete-Kommission „Überwindung der Folgen der SED-Diktatur im Prozess der Deutschen Einheit“ am 6. Oktober 1997 in Berlin

schen einschneidender oder erträglicher waren – keine unwichtigen Handlungsspielräume, wenn man etwa an die Gestaltung des innerdeutschen Grenzregimes durch die DDR-Organe denkt.

Natürlich stellte sich die Frage nach Handlungsfreiräumen auf seiten des westlichen Bündnisses auf wesentlich andere Weise dar als im sowjetisch dominierten Warschauer Pakt. Wir alle kennen den entscheidenden Unterschied – dies hat auch in den Verhandlungen über den Abzug der sowjetischen Streitkräfte aus Mitteleuropa 1990 eine entscheidende Rolle gespielt: die Dominanz der Sowjetunion und ihrer Satellitenregime über die Staaten Mittel- und Osteuropas war eine erzwungene, die von den betroffenen Völkern abgelehnt und in verschiedenen Aufstandsversuchen bekämpft wurde, während die westliche Allianz unter Führung der USA und unter Mitwirkung der Bundesrepublik Deutschland ein freiwilliges Bündnis ist, das auf gemeinsamen Werten und Überzeugungen der beteiligten Völker beruht. Wenn also von „Handlungsfreiräumen" die Rede ist, so muss man diesen grundlegenden Unterschied in beiden Bündnissystemen vor Augen haben. Richtig ist gleichwohl, dass jegliche Deutschlandpolitik in ihren Grundzügen Teil und Funktion der Ost-West-Beziehungen insgesamt war und von ihnen ihre Rahmenbedingungen und Handlungsmöglichkeiten erhielt.

Seit der ersten Wende im Ost-West-Konflikt – der Doppelkrise um Berlin und Kuba 1958/62 – war die Ostpolitik des westlichen Bündnisses von dem Interesse geleitet, krisenhafte Zuspitzungen zu vermeiden und durch Konsultationsmechanismen und Rüstungskontrolle einen Abbau der Ost-West-Spannungen zu erreichen, auch um den Preis der einstweiligen Hinnahme der Teilung Deutschlands und Europas.

Die Deutschlandpolitik der Bundesrepublik musste sich diesen Gegebenheiten anpassen und tat es in den bekannten Etappen vom späten Adenauer mit seinen Modus-Vivendi-Angeboten an die UdSSR bei gleichzeitigen menschlichen Erleichterungen für die DDR-Einwohner, über die Regierungen Erhard und Kiesinger bis hin zur Deutschlandpolitik der sozialliberalen Koalition und schließlich der Deutschlandpolitik der Regierung Kohl/Genscher.

Dabei erhielt die Vertragspolitik mit den kommunistisch regierten östlichen Nachbarstaaten und mit der DDR ihren jeweiligen politischen Stellenwert durch die Gesamtkonzeption, in die sie eingebunden war. Man darf hier daher nicht ohne weiteres geradlinige Kontinuitäten annehmen.

Das Dilemma dieser Politik bestand bis an die Schwelle der revolutionären Ereignisse von 1989/90 darin, dass die Bundesrepublik am Ziel der Überwindung des Status quo, also der Verwirklichung der Selbstbestimmung der Deutschen, festhalten musste und wollte – bis in die 80er Jahre hinein im Einvernehmen der demokratischen Kräfte –, dass es aber gleichzeitig bis 1989 keine realistische Chance gab, dieses Ziel tatsächlich zu erreichen. Vielmehr musste die praktische Politik mit dem SED-Staat ergebnisorientierte Beziehungen zur Erleichterung der Teilungsfolgen für die Menschen unterhalten.

Dabei war mit einem Gegenüber zu rechnen, der in grundsätzlichen Fragen entgegengesetzte Ziele verfolgte – nicht mehr menschliches Miteinander, sondern mehr staatliche Abgrenzung; nicht mehr innere Freiheit, sondern mehr Sicherheit des Herrschaftssystems – und dessen zentrales Anliegen es ständig blieb, die eigene chronisch instabile Herrschaft zu festigen, während es das Ziel der westlichen Deutschlandpolitik sein musste, zu einer schrittweisen Entschärfung der SED-Diktatur beizutragen, ja, sie letztlich zu destabilisieren – allerdings in langen Entwicklungslinien, nicht in plötzlichen krisenhaften Zuspitzungen, die unter den Bedingungen der Breschnew-Doktrin im Gegenteil kontraproduktiv wirken mussten.

Verhandlungen mit einem solchen Gegenüber waren überhaupt nur möglich, wenn man sich auf die Lösung praktischer Fragen unter Ausklammerung gegensätzlicher Grundpositionen konzentrierte und wenn man dabei sorgfältig die gewünschten Wirkungen – zum Beispiel Reiseerleichterungen für möglichst viele DDR-Einwohner – mit den hinzunehmenden Nebenwirkungen – zum Beispiel kurzfristige wirtschaftliche Stabilisierung oder leichte Prestigegewinne – austarierte. Die unvermeidliche Spannung zwischen dem Selbstbestimmungsziel und der praktischen Politik „kleiner Schritte" im Benehmen mit den Verweigerern der Selbstbestimmung musste auch im Innern ausgehalten werden. Dies erwies sich in den 70er Jahren und noch mehr in den 80er Jahren als zunehmend schwierig. Die Menschen in der Bundesrepublik hatten das Problem offensichtlich verstanden. Umfragen des Allensbacher Instituts erbrachten das Ergebnis, dass auch in den 80er Jahren eine große Mehrheit der Westdeutschen es für richtig hielt, am Ziel der Wiedervereinigung festzuhalten, auch wenn kaum jemand mit einem Erfolg in voraussehbarer Zeit rechnete. Anders lagen die Dinge bei meinungsführenden Teilen der westdeutschen Eliten, der Medien und auch einer Reihe von politischen Akteuren, die unter anderem das „Gerede von der Wiedervereinigung" anprangerten oder formulierten, es komme darauf an, „die Chancen der Geschichte in der Teilung zu suchen".

Demgegenüber war es immer wieder notwendig, das Bewusstsein von der Einheit der Nation, über den Zwangscharakter der SED-Herrschaft und das Ziel der Wiedergewinnung der Selbstbestimmung wachzuhalten und beharrlich zu vertreten. Als im Herbst 1989 die Diktatur zusammenbrach, hatte die Bundesregierung keine Mühe, unmittelbar von der innerdeutschen Politik der kleinen Schritte zu einer konkreten Politik der Wiederherstellung der deutschen Einheit überzugehen. Sie konnte es tun, ohne ihre politische Linie korrigieren zu müssen.

Das Dilemma der Deutschlandpolitik wirkte sich auch in ihrer Darstellung gegenüber den Vier Mächten aus.

Die Sowjetunion, die die vertraglichen Ergebnisse der Entspannungspolitik als Anerkennung ihrer Dominanz über den östlichen Teil des Kontinents interpretierte, brandmarkte jeden Ansatz, die europäischen Grenzen einschließlich der innerdeutschen in Frage zu stellen, als Revanchismus und Friedensbedrohung. Dies stand zwar nicht im Einklang mit der KSZE-Schlussakte und mit dem deutsch-sowjetischen Vertrag von 1970 einschließlich des Briefs zur deutschen Einheit und der Bundestagsresolution vom 17. Mai 1972; dennoch hat die Sowjetunion bis 1989/90 an dieser Position festgehalten, mit aller Härte, und die zutreffenden Hinweise der Bundesrepublik auf die Offenheit der deutschen Frage in zeitweise aggressiven Kampagnen zurückgewiesen. Umso wichtiger blieb Standfestigkeit, bei aller Bemühung um Verständigung.

Behutsamkeit und Sorgfalt bei der Verfolgung deutschlandpolitischer Ziele war aber auch gegenüber den westlichen Verbündeten erforderlich. Es gehört zu den bleibenden – und bis 1990 nachwirkenden – Erfolgen der Adenauerschen Politik, die drei Westmächte im Deutschlandvertrag auf das gemeinsame Ziel eines wiedervereinigten, freiheitlich verfassten und in die westliche Gemeinschaft integrierten Deutschland verpflichtet zu haben. Man musste sich aber seit den 60er Jahren eingestehen, dass die praktische Realisierbarkeit dieser vertraglichen Vereinbarung in weite Ferne gerückt war; und auch in den verbündeten Staaten haben offenbar viele den innerdeutschen Grundlagenvertrag als praktisch dauerhafte Bestätigung der Teilung missdeutet.

Das gemeinsame Interesse des westlichen Bündnisses war die Sicherung der Stabilität in Europa. Einigkeit mit den Partnern bestand darin, dass eine wirkliche und dauerhafte Stabilität nicht auf Gewalt, sondern nur auf der Achtung der Menschenrechte beruhen konnte. Die Bundesrepublik verfolgte diese gemeinsame Linie zugleich in der Erwartung, dass ein erfolgreiches Thematisieren der Menschenrechtsfrage mit Notwendigkeit auch die Frage der Selbstbestimmung der Deutschen aufwerfen würde.

Gleichwohl blieb die deutsche Frage ein sensibles Thema. 1989/90 hat sich bestätigt, dass die Teilung Deutschlands, auch wenn sie aus anderen Gründen zustande gekommen war, für manche politischen Eliten in Nachbarstaaten den Aspekt einer Sicherungsfunktion auch gegenüber hegemonialen Ambitionen Deutschlands nie völlig verloren hatte.

Adenauer hatte der bundesdeutschen Außenpolitik die Maxime vorgegeben, dass ihre beiden Hauptziele: Westbindung – atlantische wie europäische – und Wiedervereinigung, nicht im Widerspruch zueinander stehen, sondern einander bedingen. Voraussetzung für eine praktische Verbindung dieser Ziele war eine Neukonzeption der sowjetischen Westpolitik, zu der die UdSSR irgendwann aus innerer Schwäche kommen müsse. Ich erinnere an Adenauers Aussage von 1966: „Eines Tages wird auch Sowjetrussland einsehen, dass die Trennung Deutschlands und damit die Trennung Europas nicht zu seinem Vorteil ist. ... Wenn ein Augenblick naht oder sich zu nahen scheint, der eine günstige Gelegenheit bringt, dann dürfen wir ihn nicht ungenutzt lassen."

Bis eine solche Revision der sowjetischen Politik sich abzeichnete, musste man sich darauf konzentrieren, die Voraussetzungen für eine künftige Lösung der deutschen Frage zu schaffen oder offenzuhalten. Gegenüber den westlichen Verbündeten bedeutete dies u.a., keinen berechtigten Zweifel an der Bündisloyalität der Bundesrepublik aufkommen zu lassen.

Es ist daher kaum möglich, die Bedeutung der NATO-Nachrüstung von 1982 und den Folgejahren für die Wiedervereinigung Deutschlands zu überschätzen. Dass die westliche Allianz damals die Kraft gefunden hat, diese Gegenmaßnahme gegen den sowjetischen Rüstungsschub der SS 20 auch gegen erhebliche Widerstände im Innern durchzusetzen, hat, wie wir von Daschitschew, auch von Gorbatschow selbst und anderen wissen, wesentlich zur Neuorientierung der sowjetischen Westpolitik unter Gorbatschow beigetragen. Zugleich hat die Verwirklichung des NATO-Doppelbeschlusses durch die 1982 angetretene Bundesregierung die Vertrauensbasis im Westen wieder gefestigt, die durch Teile der deutschen politischen Öffentlichkeit ins Wanken geraten war. Es kam damals nicht darauf an, „Angst vor den Freunden" zu propagieren, wie ein Politiker schrieb; es kam vielmehr darauf an, auch im Interesse der eigenen Sicherheit, Solidarität mit den Freunden zu praktizieren. Die damals widergewonnene Vertrauensbasis war sieben Jahre später eine der Grundlagen der Wiedervereinigungspolitik.

Seit dem Jahresbeginn 1988 verdichteten sich die Anzeichen, dass sich die latente Dauerkrise der DDR zu einer akuten Krise zuspitzte. Die Politik Gorbatschows begann auch hier einen zunehmenden Reformdruck und in der Folge, bei Enttäuschung der Erwartungen, eine zunehmende Frustration zu erzeugen. Das deutlichste Signal war der wachsende Ausreisedruck, der nach der Öffnung der ungarisch-österreichischen Grenze 1989 allmählich in eine massenhafte Ausreisebewegung überging. Zu meinen eindrucksvollsten Erinnerungen gehört der Abend des 30. September 1989, als Hans-Dietrich Genscher und ich vom Balkon des Palais Lobkowicz den rund 5.000 Zufluchtsuchenden auf dem Gelände der bundesdeutschen Botschaft in Prag die Nachricht bringen konnten, dass die DDR-Führung ihrer Übersiedlung zugestimmt hatte. Aber auch die Begegnung zuvor im August mit den Zufluchtsuchenden in der Ständigen Vertretung in Ost-Berlin, die wir geschlossen hatten, beziehungsweise später im Flüchtlingslager Gießen, machten in überzeugender Weise deutlich, dass diese Menschen von der DDR nichts mehr wissen wollten, und dass es sich um mehr handelte als nur um einen Ausdruck der Entschlossenheit, in diesem verkrusteten, reformunfähigen, unmenschlichen System nicht mehr leben zu wollen.

Im krassen Gegensatz dazu die starre Haltung der politischen Führung in Ost-Berlin, völlig uneinsichtig gegenüber der Erkenntnis, dass die DDR sich nicht abschotten konnte gegenüber den Reformbewegungen und Reformentwicklungen in ganz Mittel- und Osteuropa. Für die Bundesrepublik musste es darauf ankommen, diese Reformentwicklung nach Möglichkeit zu unterstützen, zu ermutigen, natürlich auch nichts zu tun, was sie behindern konnte. Es war zu erwarten, dass das Übergreifen der Demokratiebewegung auf die DDR auch die deutsche Frage wieder ins Gespräch bringen würde, auch wenn Gorbatschow diese Konsequenz seiner Politik offenbar nicht rechtzeitig erkannt hat. Die Menschen – davon waren wir überzeugt – würden die Einheit fordern, sobald sie als reale Möglichkeit erkennbar würde. Gerade darum aber war es wichtig, die Reformentwicklung reifen zu lassen, ohne durch unzeitiges Thematisieren der Teilungsproblematik die Gegenkräfte der Reform, wo immer sie standen, herauszufordern.

Dies geschah zum Beispiel am 6. und 7. November 1989, als die DDR-Führung vertraulich die Frage stellte, ob – und das hieß auch: zu welchen Konditionen – die Bundesregierung zu Kreditgewährungen in neuen Dimensionen bereit sei. Die Rede war zunächst von 10 Milliarden DM innerhalb von zwei Jahren und jährlich zwei bis drei Milliarden DM ab 1991. Vorangegangen waren die bekannte Politbüro-Analyse der aktuellen wirtschaftlichen Lage, in der Planungschef Schürer eine nicht mehr kontrollierbare Außenverschuldung der DDR feststellte, und ein vergeblicher Versuch des neuen Generalsekretärs Krenz, finanzielle Hilfe in Moskau zu erhalten. Jetzt konnte ich in den Gesprächen, nach Rücksprache mit dem Bundeskanzler, gemeinsam mit dem Kollegen Schäuble erwidern, auch am 5. Dezember bei den Verhandlungen mit Ministerpräsident Modrow über die Abschaffung des Begrüßungsgeldes, der Einrichtung eines Devisenfonds und der Aufhebung des Zwangsumtausches, dass über wirtschaftliche Hilfe in derartigen Größenordnungen nur gesprochen werden könne, wenn die SED ihr Machtmonopol aufgeben, oppositionelle Organisationen zulassen und freie Wahlen anberaumen würde. Die gleichen Forderungen stellte der Bundeskanzler öffentlich in seinem „Bericht zur Lage der Nation im geteilten Deutschland". Damit geriet die DDR-Führung unter den doppelten Druck der Demonstranten und der bundesdeutschen Politik.

Für die Politik der folgenden 11 Monate ist der Begriff „Handlungsspielräume“ eigentlich irreführend; eher müsste man von „Handlungsnotwendigkeiten“ oder „Handlungszwängen“ sprechen, denn die Grundrichtung und das Tempo der Entwicklung wurden im Wesentlichen von den revolutionären Ereignissen, von der Schnelligkeit des Zusammenbruchs des Systems vorgegeben, und es kam darauf an, diese Entwicklung durch die richtigen Impulse zu kanalisieren.

Ein entsprechender Impuls war das 10-Punkte-Programm des Bundeskanzlers vom 28. November 1989. Dieser Schritt war bewusst weder in der Koalition noch international abgestimmt, allerdings konnte nach den öffentlichen Erklärungen und den telefonischen Meinungsäußerungen des amerikanischen Präsidenten davon ausgegangen werden, dass er die Richtung des Programms billigte.

Wir waren überzeugt, dass die Situation ein solches Signal erforderte. Dem Machtwechsel von Honecker zu Krenz war, wie zu erwarten, eine Stabilisierung der Situation nicht gefolgt. Die bewegenden Ereignisse bei der Grenzöffnung am 9. November hatten gezeigt, dass es hier um mehr ging als um bloßes Wiedersehen: Die deutsche Frage war neu gestellt. Am 17. November hatte der neue Ministerpräsident Modrow versucht, die revolutionäre Entwicklung zu bremsen, indem er in seiner Regierungserklärung eine deutsch-deutsche „Vertragsgemeinschaft“, also ein zwischenstaatliches Kooperationsverhältnis ohne Vereinigungsperspektive, vorschlug. Gleichzeitig verstärkte sich der Übersiedlerstrom.

Dies war die gebotene Situation, um in die deutschlandpolitische Offensive zu gehen und den Ruf „Wir sind ein Volk“ in ein politisches Programm zu fassen. Das 10-Punkte-Programm, bewusst allgemein gehalten und ohne Angabe eines Zeitplans, so dass es flexibel der realen Entwicklung angepasst werden konnte, gab dem Massenprotest und dem Massenaufbruch in der DDR eine konkrete politische Perspektive.

Diese Initiative stieß international auf ein gemischtes, auch zum Teil negatives Echo. Sie fand allerdings die beiden entscheidenden Verbündeten. Der eine war die USA-Administration. Präsident Bush und Außenminister Baker erklärten unmittelbar darauf, dass sie das Ziel der deutschen Selbstbestimmung unterstützten, sofern die Einheit sich friedlich und schrittweise vollziehe, Deutschland in die NATO und die EG integriert bleibe und die Grenzziehungen gemäß der KSZE-Schlussakte gehandhabt würden, mit anderen Worten die bestehende deutsch-polnische Grenze bestätigt werde.

Der zweite Verbündete war die Bevölkerung in der DDR; die Forderung nach der Einheit trat immer beherrschender in den Vordergrund der Demonstrationen. Besonders eindrucksvoll war die Begrüßung des Bundeskanzlers und seiner Delegation durch Menschenmengen in Dresden am 19. Dezember. Uns Beteiligten wurde an diesem Tag besonders anschaulich, dass die Wünsche der Menschen auf die deutsche Einheit zielten und dass sie diese nicht in einem langjährigen Prozess, sondern auf möglichst schnellem Wege erreichen wollten.

Für die Überwindung der Widerstände gegen diese Einheit war die innere Entwicklung in der DDR im Dezember und Januar – mit dem Rücktritt der Parteiführung, dem Rücktritt von Krenz aus seinen Staatsämtern und mannigfachen Enthüllungen über Machtmissbrauch und Korruption – entscheidend. Die Staatsgewalt zerfiel zusehends. Es zeigte sich, dass eine realistische Alternative zur deutschen Einheit auch für die, die sie herzlich gern gefunden hätten, nicht erkennbar war. Die Stabilisierung der DDR durch die Regierung Modrow blieb aus. Deren im Grunde rückwärtsgewandte Richtung war besonders deutlich an dem Versuch zu erkennen, das Ministerium für Staatssicherheit in leicht gewandelter Gestalt in ruhiges Fahrwasser hinüberzuretten. Die anhaltenden Demonstrationen und die ab Januar wieder wachsenden Flüchtlingszahlen zeigten, dass der halbherzige Versuch einer „deutschen Perestrojka“ zu spät kam und kein Vertrauen mehr bei der Bevölkerung fand. Damit blieben auch die Versuche dieser Regierung, die revolutionäre Entwicklung anzuhalten oder in die Richtung auf ein über längere Frist zu errichtendes neutrales Deutschland zu lenken, ohne reale Grundlage.

Ende Januar musste auch Gorbatschow erkennen, dass die Wiedervereinigung selbst nicht zu verhindern war und er allenfalls versuchen konnte, den Wiedervereinigungsprozess zu verlangsamen und an die aus seiner Sicht bestmöglichen Konditionen zu binden.

Nach der Initiative vom 28. November war die Zeit Ende Januar/Anfang Februar 1990 die zweite Beschleunigungsphase in der Einigungspolitik der Bundesregierung. Anfang Februar wurde der DDR das Angebot gemacht, zunächst in Gespräche und nach der Volkskammerwahl – nach Konstituierung einer dazu legitimierten DDR-Regierung – in Verhandlungen über die Einführung einer Wirtschafts-, Währungs- und Sozialunion einzutreten. Damit wurde nicht nur den Forderungen der Regierung Modrow und des Runden Tisches nach einem „Lastenausgleich“ von 10–15 Milliarden DM die Spitze genommen – eine solche Finanzspritze hätte ohnehin nur der Stabilisierung eines unhaltbaren Systems gedient –, sondern es wurde zugleich die Perspektive auf einen Systemwechsel in der noch bestehenden DDR eröffnet und den Menschen eine baldige Besserung ihres Lebensstandards in Aussicht gestellt. Zugleich wurde damit ein Signal an die Vier Mächte gegeben, dass der Wiedervereinigungsprozess auf deutscher Ebene eine schnelle Einigung auch über die internationalen Aspekte notwendig machte. Nur zwei Wochen nach der ersten Zwei-plus-Vier-Verhandlungsrunde in Bonn wurde der Staatsvertrag unterzeichnet.

Inzwischen war die zweite Beschleunigungsphase des Wiedervereinigungsprozesses unmittelbar in die dritte übergegangen:

Sie wurde markiert durch die freie Volkskammerwahl. Als Gorbatschow dem Bundeskanzler am 10. Februar 1990 in Moskau zugestanden hatte, dass es Sache der Deutschen selbst sei, über Zeitpunkt und Weg der Einigung zu entscheiden, war er wohl von der Erwartung ausgegangen, dass bei den Wahlen diejenigen Kräfte eine Mehrheit erhalten würden, die die Einigung vielleicht über längere Zeiträume anstreben wollten. Dabei wäre dann auch die Frage der Bündniszugehörigkeit möglicherweise neu in die Diskussion geraten. Der Ausgang der Wahl enttäuschte auch die Erwartung; die demokratisch legitimierte Regierung der Großen Koalition legte sich auf die Einigung nach Art. 23 und – bei gewissen individuellen Aktentunterschieden – auf zügige Verhandlungen mit der Bundesregierung fest. Der Entwurf des Einigungsvertrags war bereits Anfang August fertiggestellt, die Unterzeichnung folgte Ende des Monats.

Es war ein Erfolg des eng abgestimmten Vorgehens der Bundesregierung und der Regierung der USA, dass die internationalen Verhandlungen zur Wiedervereinigung auf Zwei-plus-Vier-Ebene stattfanden – nicht in Form einer Friedenskonferenz oder einer KSZE-Konferenz, wie von Gorbatschow zeitweilig vorgeschlagen, und auch nicht in Form von bloßen Vier-Mächte-Verhandlungen, wie es die Sowjetunion mit dem Botschaftertreffen in Berlin am 11. Dezember 1989 zu initiieren versuchte und wie sie auch auf britischer Seite zeitweilig befürwortet wurden.

Und ebenso wichtig war es, dass diese Verhandlungen auf die internationalen Aspekte der deutschen Einheit beschränkt bleiben sollten, während die inneren Aspekte ausschließlich in deutscher Zuständigkeit blieben.

Mit den Verhandlungen auf innerdeutscher Ebene suchte die Bundesregierung zugleich das Tempo für die internationalen Gespräche vorzugeben. Man wird aus der Rückschau manches finden, was sorgfältiger hätte geregelt werden können, als es in der notwendigen Eile der damaligen Verhandlungen geschah, aber angesichts der Möglichkeiten, die die damalige Situation eröffnete, und der Tatsache, dass die weiteren Entwicklungen vor allem in der Sowjetunion unvorhersehbar waren, wäre alles andere als ein schnelles Ergreifen der historischen Chance völlig unverantwortlich gewesen.

In den internationalen Gesprächen kam es u. a. darauf an, die Verhandlungen nicht in Foren zu verlagern, die den Prozess der Einigung erschweren oder verlangsamen konnten. Eine „Friedenskonferenz" wäre aber fast ein halbes Jahrhundert nach Kriegsende und nach vierzig Jahren demokratischer Politik in der Bundesrepublik aus vielen, auch aus Sachgründen, nicht akzeptabel gewesen. Es musste erreicht werden, dass das vereinte Deutschland von vornherein seine volle Souveränität erhielt und dass ihm keine singularisierenden oder diskriminierenden Sonderbestimmungen auferlegt wurden.

Hierzu gehörte auch die Freiheit, einem Bündnis der eigenen Wahl anzugehören, also für die Bundesrepublik Deutschland in der NATO, jetzt mit erweitertem Territorium bei begrenzten Sonderbestimmungen für die neuen Bundesländer, zu verbleiben. Dies war nicht nur die Voraussetzung, unter der allein die Zustimmung der Westmächte zur deutschen Einheit überhaupt zu erlangen war; es entsprach auch dem vitalen deutschen Interesse. Eine Neutralität des wiedervereinten Deutschland hätte die NATO ihres europäischen Zentrums beraubt und damit vermutlich früher oder später an ihr Ende gebracht. Der Rückzug der USA aus Europa würde dann die zu erwartende Folge sein. Vermutlich wäre auch die europäische Integration entscheidend zurückgeworfen worden. Eine Isolierung Deutschlands ähnlich derjenigen unmittelbar vor dem Ersten Weltkrieg – wie manche sie andeuteten – oder noch eher derjenigen nach dem Ersten Weltkrieg, würde eine kaum vermeidbar Folge sein. Die Stabilisierung des deutschen NATO-Engagements und die Fortführung des europäischen Integrationsprozesses mussten also abgesichert werden. Sie waren zugleich der Schlüssel zur Überwindung der Vorbehalte auf dem EG-Gipfel in Straßburg im Dezember 1989.

Das schwierigste Problem seit dem Februar 1990 war es, die Zustimmung der UdSSR zur deutschen NATO-Mitgliedschaft zu gewinnen. Ich brauche die einzelnen Verhandlungen und Gespräche in dem Dreieck Bonn-Washington-Moskau, auf Regierungschef- und auf Außenministerebene, hier nicht im einzelnen nachzuzeichnen. Ausschlaggebend war, dass die sowjetische Führung zur Verminderung ihrer Rüstungslasten auf die Kooperation mit der Bundesrepublik angewiesen war. Wenn sie ihre politische Linie nicht grundlegend ändern und die Zusammenarbeit mit dem Westen abbrechen wollte, konnte sie nicht anders, als in dieser Frage einer Lösung zuzustimmen, die in der Substanz den westlichen Vorstellungen entsprach.

Die Verhandlungen des Frühjahrs 1990 liefen also im Wesentlichen darauf hinaus, in einer „Arbeitsteilung" zwischen der NATO, also insbesondere den USA, und der Bundesrepublik, Angebote für die Sowjetunion zu entwickeln, die ihr die Hinnahme der deutschen NATO-Mitgliedschaft erleichtern würden. Hierzu gehörte auf Bündnisebene insbesondere eine Neudefinition des NATO-Selbstverständnisses; die „Erklärung über eine gewandelte NATO" wurde im Juli 1990 rechtzeitig zum 28. Parteitag der KPdSU vom Londoner NATO-Gipfel verabschiedet.

Die Bundesregierung kam den sowjetischen Besorgnissen im sicherheitspolitischen Bereich entgegen, ich denke, das war schon Gegenstand der heutigen Diskussion, die Bundesregierung kam der Sowjetunion auch entgegen durch eine Reihe von wirtschaftlichen und finanziellen Zugeständnissen, und den Schlussstein erhielt das Gebäude der deutsch-sowjetischen Vereinbarungen durch einen Partnerschaftsvertrag der am 1. Jahrestag der Maueröffnung, am 9. November 1990, unterzeichnet wurde.

Sie wissen, dass die deutschen und amerikanischen Verhandlungen mit der sowjetischen Seite sich bis in den Juli erstreckten, wobei die sowjetische Führung nur sehr allmählich und zeitweise auch mit widersprüchlichen Signalen von ihren ursprünglichen Forderungen abrückte. Der Durchbruch erfolgte in mehreren Schritten; einer dabei war die Begegnung Gorbatschows mit Bush in Washington vom 30. Mai bis 3. Juni 1990. Den letzten und entscheidenden Verhandlungsschritt brachte der Besuch von Bundeskanzler Kohl in Moskau und im Kaukasus am 16. und 17. Juli 1990. Die hier erreichten Ergebnisse waren in den folgenden Zwei-plus-Vier-Verhandlungen nur noch zu bestätigen.

Erlauben Sie mir, mein Resümee der Politik der Bundesregierung im Vereinigungsprozess vom Herbst 1989 bis zum Herbst 1990 mit drei kurzen Bemerkungen abzuschließen:

Erstens: Die Grundlage aller Wiedervereinigungspolitik 1989/90 war der Wille der Deutschen in der DDR, dem sie eindeutig öffentlich Nachdruck verliehen – wobei ich neben den Demonstranten auch die Ausreisenden mit erwähne. Über das Ziel der deutschen Selbstbestimmung konnte in der Weltöffentlichkeit kein Zweifel bestehen. Der erfolgreiche Volksaufstand gegen die SED-Diktatur machte die Wiedergewinnung der Einheit möglich; er ist eine der bleibenden Leistungen in den freiheitlichen Traditionen unseres Landes.

Zweitens: Die deutsche Einigung hat sich letztlich – mit den seitherigen Entwicklungen entsprechenden Modifikationen – längs der Entwicklungslinie vollzogen, die bereits Adenauer der Deutschlandpolitik vorgezeichnet hat: Voraussetzung der Einheit war der wirtschaftliche und politische Zusammenbruch des Systems in den Ostblock-Staaten und in der Sowjetunion selbst, die sich daraufhin genötigt sah, Kosten und Nutzen ihrer Westpolitik neu einzuschätzen. Es bleibt das Verdienst von Michail Gorbatschow, dass er die Klarsicht und den Mut hatte, aus der Existenzkrise des sozialistischen Systems die Konsequenz einer fundamentalen Reformpolitik zu ziehen. Dabei setzte er allerdings Entwicklungen in Gang, die über seine begrenzten Ziele und damit auch über ihn selbst hinweggegangen sind.

Dass bei der Neugestaltung der sowjetischen Westpolitik auch die deutsche Frage erfolgreich gelöst werden konnte, war Folge der Tatsache, dass sich das freie Deutschland über Jahrzehnte als demokratischer Staat und als Verbündeter der westlichen Allianz bewährt hat und dass es – wenn auch bei den europäischen Nachbarn eingeschränkt durch belastende historische Erinnerungen – Vertrauen gefunden und erhalten hat.

Die Annahme, die zum Beispiel Egon Bahr bis 1990 immer wieder mahnend in die Diskussion gebracht hat, NATO-Mitgliedschaft und deutsche Teilung seien Zwillingsgeschwister, sie hat sich als irrig erwiesen. Richtig ist: Die NATO und die Wiedererrichtung und Sicherung des vereinten demokratischen Deutschland hängen untrennbar zusammen.

Drittens: Unentbehrlich für die Wiedererlangung der Einheit war die uneingeschränkte Unterstützung durch die USA. Am vergangenen Freitag ist in Stuttgart die historische Leistung von Präsident George Bush, der sich um die Einheit unseres Landes verdient gemacht hat, zu Recht gewürdigt worden. Und wenn man über die Kennedy-Brücke in Bonn fährt, kann man sich für spätere Zeiten sicherlich noch manche zusätzliche Würdigung von George Bush auch in Berlin vorstellen."

2.3 Die Europäische Union reformieren

2.3.1 Künftige Sicherheitsstrukturen in Europa[9]

Die Frage, wie die künftigen Sicherheitsstrukturen in Europa gestaltet sein könnten, beinhaltet auch immer die Frage nach den Zielen, von denen wir uns dabei leiten lassen. Die Hoffnung, bald nach Überwindung des Ost-West-Konflikts in Europa eine dauerhafte Ordnung friedlichen Zusammenlebens der Völker und Staaten schaffen zu können, hat sich nicht erfüllt, der bru-

[9] Vortrag an der Universität der Bundeswehr München am 17. April 1996

tale Krieg in Bosnien hat dies am deutlichsten zum Ausdruck gebracht. Ganz generell gilt: Die Herausforderungen, vor denen Europa heute steht, sind anders als im Kalten Krieg. Das Risiko eines großen Krieges zwischen Ost und West besteht derzeit nicht, jedoch gab es Krieg mitten in Europa, und Instabilitäten nehmen zu, vor allem in der östlichen und südlichen Peripherie. Andererseits wird das globale Netz von Verflechtungen und Abhängigkeiten immer dichter.

Umgekehrt aber gilt – nach dem Zusammenbruch des Kommunismus und dem Ende des Ost-West-Konflikts und trotz mancher Rückschläge und Enttäuschungen: Die Vision von der Einheit Europas in Frieden und Freiheit hat an Bedeutung nicht verloren. Im Gegenteil: Der Prozess der westeuropäischen und transatlantischen Integration hat bewiesen, dass – auch einstmals verfeindete – Nationen und Völker ihre Zukunft gemeinsam friedlich gestalten können und dass Freiheit, Demokratie und Recht, Wohlstand, soziale Gerechtigkeit und der Schutz der Umwelt durch ihn am besten gesichert werden können.

Das bedeutet für die deutsche, die europäische, die internationale Politik: Weil Freiheit und Frieden, Demokratie und Recht in ganz Europa dauerhaft gesichert werden müssen, weil wirtschaftliche und soziale Stabilität im Westen Europas auf Dauer nur aufrecht erhalten werden können, wenn sie auch im östlichen Teil Europas vorhanden sind, weil die Sicherung unserer natürlichen Lebensgrundlagen nicht allein im regionalen Rahmen möglich ist und weil die globalen Herausforderungen am ehesten noch von allen Europäern gemeinsam bewältigt werden können, muss die westeuropäisch-transatlantische Gemeinschaft zu einer gesamteuropäischen Friedensordnung weiterentwickelt werden. Diese Aufzählung zeigt im Übrigen, dass sich weniger denn je europäische Sicherheit heute allein militärisch definieren läßt. Zur Sicherheit gehören – das will ich noch einmal unterstreichen – insbesondere auch die Herstellung wirtschaftlicher Stabilität, das Vorhandensein demokratischer Strukturen, die Beachtung von

Menschen- und Minderheitenrechten, die Verhinderung von Waffenproliferation. Über die klassische Verteidigung der territorialen Integrität hinaus haben sich in Europa nach dem Ende des Ost-West-Konfliktes neuartige Sicherheitsprobleme entwickelt.

Wir müssen uns daher einrichten auf einen langfristigen Prozess der Vertiefung der Zusammenarbeit wie der schrittweisen Integration, der auch von Rückschlägen nicht frei sein wird. (...)

Erstens muss die Handlungsfähigkeit und Wirksamkeit der Europäischen Union insgesamt und dabei auch in der Gemeinsamen Außen- und Sicherheitspolitik verbessert werden, und das muss die Stärkung des europäischen Pfeilers der NATO durch die Schaffung der gemeinsamen Verteidigungspolitik und Verteidigung einschließen. In der EU-Regierungskonferenz und bei den NATO-Tagungen in diesem Jahr werden dafür die erforderlichen Entscheidungen getroffen werden müssen.

Zweitens geht es um die weitere Öffnung von NATO und Europäischer Union für die assoziierten Staaten Mittel- und Osteuropas und um die Vertiefung der Zusammenarbeit mit ihnen mit dem Ziel, für erste dieser Länder den Beitritt zur NATO noch vor dem Jahr 2000 und bald danach auch zur Europäischen Union zu ermöglichen, gleichzeitig den anderen assoziierten mittel- und osteuropäischen Ländern glaubwürdige Signale für einen späteren Beitritt zu geben. Die dafür notwendigen Weichenstellungen werden in der NATO ab Dezember, in der EU am Ende der Regierungskonferenz vorzunehmen sein.

Parallel dazu sollte drittens die besondere Partnerschaft zwischen der Europäischen Union und der NATO einerseits sowie Russland andererseits auf- bzw. ausgebaut werden. Die Chancen und Grenzen für eine solche privilegierte Zusammenarbeit werden von der weiteren Entwicklung Russlands nach den Präsidentschaftswahlen im Juni mitbestimmt werden.

Viertens geht es um die Stärkung der Organisation für Sicherheit und Zusammenarbeit in Europa. Die Rolle, die die OSZE in diesem Jahr im Friedensprozess im ehemaligen Jugoslawien spielen kann, wird eine besondere Bedeutung für die Beantwortung der Frage haben, welches Gewicht und welche Aufgaben sie in Zukunft in Europa im Bereich der Konfliktvorbeugung, der so genannten Konfliktnachsorge und der Vertrauensbildung wird wahrnehmen können.

Es ist unumstritten, dass die großen Herausforderungen an die innere und äußere Sicherheit der EU-Mitgliedstaaten nur noch gemeinsam bewältigt werden können. Die entscheidende Frage aber ist, ob in der jeweiligen konkreten Situation auch der politische Wille zum gemeinsamen Handeln vorhanden ist beziehungsweise wie er hergestellt werden kann. Dafür muss zunächst Gemeinsamkeit darüber bestehen, welches die vorrangigen außenpolitischen Aufgaben und Ziele sind, mit welchen Strategien sie verfolgt werden sollten und welche Mittel die EU dafür erhalten soll. (...)

Über diese inhaltlichen Fragen hinaus sind institutionelle Weiterentwicklungen notwendig. Dazu gehört, dass die Außenpolitik der Europäischen Union „Gesicht und Stimme" durch eine vom Rat dafür gewählte Persönlichkeit erhalten muss. Diese sollte an der Spitze einer Analyse- und Planungseinheit stehen, in der die in der Kommission, beim Rat, bei der WEU und bei den Mitgliedstaaten vorhandenen außenpolitischen Kapazitäten zusammengeführt werden. Durch eine derartige institutionelle Weiterentwicklung muss sichergestellt werden, dass dem Rat möglichst frühzeitig geeignete Vorschläge und Handlungsoptionen mit einer klaren Politikfolgenabschätzung für eine vorausschauende, krisenvorbeugende Außenpolitik vorgelegt werden und dass eine geschlossene Außenvertretung der Union gewährleistet wird. Wie dringlich dies ist, zeigt auf klassische Weise das Beispiel Jugoslawien: Vieles hätte an Eskalation verhindert werden können, wenn dem Aggressor von Anfang an die Völkergemeinschaft geschlossen und entschlossen entgegengetreten wäre. Dies ist nicht geschehen, und dies hing auch damit zusammen, dass sich zum Beispiel die europäischen Staaten schon in der Bewertung der Vorgänge in der Analyse der jugoslawischen Situation nicht einig waren.

Zur Stärkung der außenpolitischen Effizienz der Europäischen Union ist auch die Abschaffung des Veto-Rechts und der Übergang zu Mehrheitsentscheidungen in allen außenpolitischen Fragen notwendig. Sie sollten künftig mit qualifizierter doppelter Mehrheit entschieden werden, das heißt einer qualifizierten Mehrheit der Staaten und einer qualifizierten Mehrheit der Bevölkerung, die diese Staaten vertreten.

Da der außenpolitische Einfluss der Europäischen Union um so größer ist, je geschlossener die EU handelt, ist es selbstverständlich, dass dann auch weiterhin um den Konsens unter allen Mitgliedern gerungen wird. Es geht also darum, mit dem Instrument der Mehrheitsentscheidung sozusagen einen Katalysator für die Herstellung eines gemeinsamen Willens und damit für größere außenpolitische Wirksamkeit zu schaffen. Die Beibehaltung des Vetorechts würde dagegen die Neigung zu nationalen Alleingängen unterstützen und damit die Handlungsfähigkeit, das Gewicht und die Bedeutung der Europäischen Union schmälern. Insofern ist es fraglich, wie weit tatsächlich eine Erhöhung der außenpolitischen Effizienz erreicht werden kann durch Überlegungen, dass so genannte Grundsatzentscheidungen wie bisher einstimmig, die daraus resultierenden Umsetzungsentscheidungen aber künftig mit qualifizierter Mehrheit getroffen werden sollen. Denn alle außenpolitisch als maßgeblich eingestuften Fragen würden dann auch weiterhin einstimmig entschieden werden und damit dem Veto-Recht unterliegen. Weiterhin würde ein solches Verfahren eine definitorische Abgrenzung zwischen Grundsatz- und Umsetzungsentscheidungen erforderlich machen, die im konkreten Einzelfall unzureichend sein dürfte und damit noch zusätzlichen Entscheidungsbedarf hervorrufen würde.

Diplomatische Bemühungen und politische Regelungen zur Bewältigung von Krisen und Konflikten werden nur dann Erfolg haben können, wenn sie auch militärisch abgesichert werden können oder wenn für den äußersten Fall mit der Entschlossenheit und Fähigkeit der Europäischen Union zu militärischer Krisenbewältigung einschließlich Maßnahmen zur Herbeiführung des Friedens zu rechnen ist. Deshalb muss der europäische Pfeiler der NATO gestärkt werden, muss die Gemeinsame Außen- und Sicherheitspolitik durch eine gemeinsame Verteidigungspolitik und Verteidigung ergänzt werden. (...)

Damit kein Missverständnis entsteht: Wenn wir den europäischen Pfeiler der NATO stärken wollen, dann ist dies kein Misstrauen gegenüber den Amerikanern. Die NATO bleibt unverzichtbare Grundlage europäischer Sicherheit. Um jedoch das Interesse der USA und Kanadas an der auf gemeinsamen Überzeugungen beruhenden transatlantischen Verteidigungsgemeinschaft dauerhaft zu sichern, müssen die Europäer eine wesentlich größere Verantwortung in der Allianz übernehmen als zur Zeit der Konfrontation mit der Sowjetunion, in der das amerikanische Interesse an Europa ungleich direkter war als heute. Deswegen liegt die Stärkung des europäischen Pfeilers der NATO im europäischen wie im amerikanischen Interesse – dem europäischen im Übrigen auch, weil der verteidigungs- und sicherheitspolitischen Identität der Europäischen Union gleichzeitig eine fundamentale Bedeutung für ihr Selbstverständnis zukommt.

Dabei wird Deutschland seiner gewachsenen außenpolitischen Verantwortung gerecht werden. Der Beitrag der Bundeswehr zur internationalen Friedenstruppe in Bosnien Herzegowina ist ein konkretes Beispiel dafür: Unsere Soldaten bewähren sich in einem schwierigen Einsatz hervorragend und finden dafür überall Anerkennung. Auch künftig wird Deutschland bereit sein, gemeinsam mit seinen Nachbarn an friedenserhaltenden und friedensschaffenden Maßnahmen auf der Grundlage einer Einzelfallentscheidung des Deutschen Bundestages mitzuwirken. Dabei wird jeweils zu prüfen sein, wie mittelbar oder unmittelbar Deutschland von einem Konflikt betroffen ist, ob ein präzises Mandat und klare Kommandostrukturen gegeben und die militärischen Mittel zur Erreichung des politischen Ziels geeignet sind. Ob und wie weit sich die Bundeswehr an einer Friedensmission beteiligen sollte, wird schließlich zu entscheiden sein anhand der eigenen militärischen Möglichkeiten sowie der Abwägung der militärischen Risiken und Folgen eines solchen Einsatzes – einschließlich der Beurteilung, ob eine Beteiligung deutscher Streitkräfte friedensfördernd oder eher konfliktverschärfend wirken könnte. Deutschland steht zu seiner außenpolitischen Verantwortung und bündnispolitischen Verpflichtung. (...)

2.3.2 Die Zukunft Europas in einer globalisierten Welt[10]

(...) Die Zukunft Europas! Otto von Bismarck hat einmal gesagt: „Der Staatsmann gleicht einem Wanderer im Walde, der die Richtung seines Marsches kennt, nicht aber den Punkt, an dem er aus dem Forste heraustreten wird." Und dem Nobelpreisträger Niels Bohr ist das Bonmot zugeschrieben, Prognosen seien dann besonders schwierig, wenn sie sich auf die Zukunft bezögen. Das haben wir bei denen erlebt, die Prognosen mit Ideologie verknüpften – Jürgen Habermas beklagte nach dem Zusammenbruch des Sozialismus das Ende des utopischen Zeitalters und sprach von „einer Wüste von Banalität und Ratlosigkeit". Andere sahen eine Morgendämmerung postmoderner Beliebigkeit und Francis Fukuyama stellte die These vom „Ende der Geschichte" auf.

Ich bin also vorsichtig mit Prognosen und Utopien. Vor allem ist die These vom Ende der Geschichte falsch, wie die vergangenen Jahre gezeigt haben. 1989/90 wurde nur ein Kapitel der Geschichte abgeschlossen. Im Übrigen halte ich nach wie vor für richtig, was ich bei der Herausgabe eines Buches zur „Außenpo-

[10] Festvortrag an der Universität der Bundeswehr München am 18. Oktober 2000

litik im 21. Jahrhundert" geschrieben habe: „Soviel Anfang wie in den Jahren seit der Zeitenwende 1989/90 war noch nie." Vor 10 Jahren haben sich die politischen Koordinaten Europas in der Welt – maßgeblich beeinflusst durch die Reformentwicklungen in Polen und Ungarn – völlig neu bestimmt, hat sich eine epochale Zeitenwende vollzogen, die uns national wie international aus dem erstarrten Systemdenken des Kalten Krieges herauskatapultiert hat in eine Phase dynamischen Reformdenkens. Mit dem Fall der Mauer ist nicht nur der Weg frei geworden für Millionen von Menschen, sondern auch der politische Horizont, die Welt jenseits bipolarer Denkschablonen zu begreifen und zu gestalten.

Nach dem ideologischen, politischen und wirtschaftlichen Zusammenbruch der Sowjetunion, nach der Befreiung der osteuropäischen Staaten aus jahrzehntelanger kommunistischer Bevormundung, steht Europa heute vor Richtungsentscheidungen, welche das Gesicht unseres Kontinents verändern und seine Positionierung in der Welt über viele Jahre hinaus prägen werden, und gleichzeitig – nach 10 Jahren Wiedervereinigung – zeigt sich das veränderte Gewicht Deutschlands.

Neben der politischen Revolution hat sich eine zweite, eine ökonomisch-technische Revolution vollzogen, auf die wir politisch reagieren müssen. Wir erleben, wie sich das Konzept der Marktwirtschaft weltweit durchsetzt, wir werden auch Zeuge der Renaissance eines totgesagten Unternehmergeistes in den vielen Start-Up-Unternehmen, die eine „New Economy", eine neue Ära der „Internet-Ökonomie" begründen. In der „postkapitalistischen Gesellschaft", wie der Managerpapst Peter F. Drucker glaubt, wird das Wissen zur alles bestimmenden Größe.

Viele haben allerdings erst gegen Ende der Standortdebatte in den 80er Jahren erkannt, dass wir es bei der Bewältigung der ökonomischen und sozialen Folgen einer zunehmend beschleunigten Implementierung neuer Systemtechnologien, allen voran die neuen Informations- und Kommunikationstechnologien, nicht mehr nur mit klassischen Konjunkturproblemen, sondern zusätzlich mit völlig neuen Strukturproblemen zu tun haben, die sich in weiten Teilen dem Zugriff nationaler Politik entziehen. Die Weltpresse hatte sehr bald einen Namen für dieses Phänomen gefunden: Globalisierung. Manche vorübergehend verstummten Kritiker des Kapitalismus hatten ein neues Thema mit Schlagworten wie „Globalisierungsfalle", „Kasino-Kapitalismus", „Turbo-Kapitalismus", „L'horreur Économique". Andere reagierten mit Sorge und mit verschwommenen Ängsten – auch vor dem Hintergrund spektakulärer Fusionen. Es war die Rede vom Machtwechsel, vom neuen Primat der Ökonomie, und laut wurden auch Forderungen nach einer protektionistischen Wirtschaftspolitik.

Unter Ökonomen selbst hat die Rede von der Globalisierung kaum zur Erregung der Gemüter geführt, war es für sie doch immer schon selbstverständlich, den komparativen Vorteil eines freien Welthandels zu nutzen. Dieser hat sich seit den 80er Jahren fast verdreifacht, die grenzüberschreitenden Investitionen steigen jährlich um 18 Prozent, an den internationalen Finanzmärkten werden rund um den Globus und rund um die Uhr täglich mehr als 1,2 Billionen Dollar gehandelt, und von den 100 größten Wirtschaftseinheiten auf der Welt sind heute schon 51 Unternehmen und nur 49 Staaten. Die am Welthandel beteiligten Volkswirtschaften können ihre Leistungsfähigkeit daher nur bewahren und steigern, wenn sie die Herausforderungen offener Märkte annehmen. Die Revolutionierung der Kommunikation und Mobilität erlaubt es neben Kapital und Wissen auch die Produktionsstandorte und Arbeitsplätze in den internationalen Wettbewerb einzubeziehen. Auch dafür brauchen wir die Europäische Union als ökonomische Antwort auf die Herausforderungen in einer globalisierten Welt. Nur Europa mit nahezu 500 Millionen Einwohnern, einem Anteil am Weltsozialprodukt von 25 Prozent und einer einheitlichen Währung verfügt über die kritische Masse, um die globalen Entwicklungen spürbar beeinflussen zu können. Und das heißt auch: Globalisierung muss gestaltet werden. Das gilt insbesondere für den Wettbewerb: In dem Maße, wie die Märkte international werden und sich globalisieren, müssen Institutionen geschaffen werden, die den Wettbewerb weltweit kontrollieren. Wir haben international eine Fülle von Institutionen, die sich mit speziellen Themenbereichen beschäftigen, so dass GATT mit Handelsfragen, der IWF mit Finanzierungsfragen, die Weltbank mit Entwicklungsfragen. Sie alle sind mit unterschiedlichen Kompetenzen ausgestattet. Es ist überhaupt nicht einzusehen, warum das nicht auch für den Wettbewerb gelten soll. Ich unterstütze daher voll und ganz die Position des ehemaligen Präsidenten des deutschen Kartellamtes Dieter Wolf, der mehrmals die Forderung nach einer den internationalen Wettbewerb sichernde Institution erhoben hat.

Allerdings: Der Hinweis auf Europa darf die Verantwortung der nationalen Staaten nicht verdrängen. So werden 30 Prozent des Bruttoinlandsproduktes der EU in Deutschland erarbeitet. Was in Deutschland geschieht, hat unmittelbare Auswirkungen auf die EU. In jeder nationalen Volkswirtschaft bestimmt die Wirtschafts- und Finanzpolitik nach wie vor die Höhe der Staatsquote, die Höhe der Sozialausgaben, die Höhe der Umweltkosten. Auch hier geht es um Prioritätensetzung, mit der immer auch zugleich über das Verhältnis zwischen Arbeitsproduktivität und Lohnkosten in Relation zu ausländischen Konkurrenzstandorten und damit auch über Arbeitsplätze entschieden wird. Soziale Sicherheit und solide Staatsfinanzen verhalten sich zueinander wie zwei kommunizierende Röhren. Wir müssen in Deutschland also auch selbst unsere Schularbeiten machen – mit Entbürokratisierung, Planungsvereinfachung, Verschlankung des Staates und mit den notwendigen Reformen zur Senkung der Arbeitskosten, insbesondere auf dem Felde der Renten und Gesundheitspolitik, aber auch durch die Senkung von Steuern zugunsten von Investitionen und Arbeitsplätzen und im Interesse der Wettbewerbsfähigkeit unserer Unternehmen.

Eine starke EU setzt aber nicht nur wirtschaftliche, sondern auch politische Stärke voraus. Paul Kennedy hat in seinem Bestseller „Aufstieg und Fall der großen Mächte“ sehr früh auf die Achillesverse des europäischen Stiers gezeigt: „Von den fünf Hauptballungsgebieten wirtschaftlicher und militärischer Macht in der heutigen Welt ist das einzige, das nicht die Form eines souveränen Nationalstaates hat, Europa – was gleichzeitig auch das Hauptproblem dieser Region definiert, während sie sich auf das 21. Jahrhundert zubewegt.“ Die Kraft dieses ökonomischen Riesen wird nur dann zur vollen Entfaltung kommen können, wenn in seinem Kopf nicht das Bild eines politischen Zwerges seinen Mut und seine Handlungen bestimmt.

Zwei große zusammenhängende Zukunftsaufgaben sind prioritär: Nach außen geht es um die Erweiterung der EU in Richtung Osten, nach innen geht es um eine Vertiefung der EU, um die notwendigen institutionellen Reformen. Für beide Aufgaben müssen bestimmte politische Voraussetzungen erfüllt sein. Es sei dahingestellt, ob Paul Kennedy mit seinem Vergleich Recht hat, wonach trotz aller Unterschiede in Zeit und Umständen „die ‚deutsche Frage‘ des letzten Jahrhunderts ein Mikrokosmos des ‚europäischen Problems‘ heute“ war, oder ob gar die Deutsche Einheit ein Lösungsmodell für die Einigung Europas abgeben könnte. Eines glaube ich aber ganz sicher, dass wir gut beraten sind, aus den Erfahrungen der Wiedervereinigung zu lernen. Lassen Sie mich darum als Zeitzeuge auf vier grundsätzliche politische Lehren aus der Deutschen Einheit hinweisen:

Eine Politik der Beharrung, die lediglich versucht zu stabilisieren oder gar nur zu konservieren, was ist, muss scheitern. Sie wird, wie wir in besonders drastischer Form in der DDR erlebt haben und jetzt auch in Jugoslawien, früher oder später „vom Leben bestraft“ werden – oder wie der englische Historiker Arnold Toynbee sich ausdrückte: „In der Geschichte behaupten sich auf Dauer nur die Kulturen und Völker, die auf neue Herausforderungen zukunftsfähige Antworten finden.“

Das Richtige zu erkennen, und das Richtige auch gegen Widerstände nachhaltig durchzusetzen, unterscheidet eine von Werten bestimmte von einer demoskopisch bestimmten Politik. Für den NATO-Doppelbeschluss im Jahre 1983, der den Kurswechsel in Moskau bewirkte, wie wir von Gorbatschow selbst wissen, gab es kaum eine Mehrheit im deutschen Volk. Die Wirtschafts-, Währungs- und Sozialunion – gegen alle Widerstände – auch in Fachkreisen – zu beschließen und innerhalb kürzester Zeit umzusetzen, war ebenfalls ein Zeichen von Mut und Durchsetzungsvermögen. Und zur Politik der schnellen Wiedervereinigung auf der Grundlage des Artikels 23 Grundgesetz gab es auch ganz andere alternative Vorstellungen, nämlich, sich mit einer reformierten demokratisierten DDR als zweiten deutschen Staat abzufinden und sich gegenseitig zu respektieren. Die Bundesregierung hat sich damals von Stimmungen und Gegenströmungen nicht beeinflussen lassen.

Eine sich bietende Gelegenheit muss ergriffen werden. Das Zeitfenster der Wiedervereinigung war sehr eng. Viele haben damals gesagt, und einige sagen noch heute: Das sei alles viel zu schnell gegangen. Wer dies sagt, vergisst, dass die Menschen der DDR die Einheit schnell wollten, er vergisst, dass der Übersiedlerstrom der die DDR ausblutete, mit der Ausreisefreiheit für die Flüchtlinge in den Botschaften nicht aufhörte, nicht aufhörte mit dem Fall der Mauer und nicht mit der Öffnung des Brandenburger Tores, sondern erst, als mit dem Angebot der D-Mark und den der Wirtschafts- und Währungsunion die Menschen die konkrete und schnelle Perspektive der deutschen Einheit erkannten. Den Mantel der Geschichte zu ergreifen, ist also nicht nur eine Frage dessen, was die Griechen „kairos" nannten, sondern unabdingbar auch eine Frage der Entschlossenheit. Und so wie die Tür zur deutschen Einheit nur für eine ganz kurze Zeit wirklich offen stand, so wird auch das Zeitfenster für die Osterweiterung der EU, und damit verbunden die politische und wirtschaftliche Liberalisierung Osteuropas, nicht beliebig lange offen stehen.

Für alle, die am Prozess der Einheit Deutschlands beteiligt waren, war von Anfang an völlig klar und handlungsleitend und nie umstritten, dass die Einheit Deutschlands nur im Kontext der Einigung Europas und des nordatlantischen Bündnisses zu gestalten war. Insofern kann und muss die Einigung Europas nur in enger Partnerschaft mit unseren Freunden in der westlichen Allianz, mit den assoziierten Reformstaaten und unter Einbeziehung Russlands und der Ukraine als Teil einer gesamteuropäischen Sicherheitsarchitektur erfolgen.

Ich sprach von Schlüsseljahren für die Zukunft Europas und von Entscheidungen, die das Gesicht unseres Kontinents verändern werden. Schon für die erste große Zukunftsaufgabe Europas, die Erweiterung, brauchen wir Entschlusskraft, Mut und Durchsetzungswillen – in einem politischen Umfeld und bei einer Öffentlichkeit, die der Aufnahme unserer mittelosteuropäischen Nachbarn in die EU teilweise mit Sorge entgegen sieht. Man kann natürlich die Fragen des Beitritts unterschiedlich bewerten und erst recht unterschiedlich beantworten, man muss sich aber immer im Klaren darüber sein, dass mitten durch Europa, genau an der deutschen Ostgrenze entlang, eine Wohlstandsgrenze verläuft, die im Falle ihrer Beibehaltung früher oder später zu der Situation führen würde, worüber Vaclav Havel treffend gesagt hat: „Wenn der Westen den Osten nicht stabilisiert, wird der Osten auf Dauer den Westen destabilisieren." Daher liegt die Erweiterung der Europäischen Union im wohlverstandenen gesamteuropäischen und auch im deutschen Interesse – ganz abgesehen davon, dass es ein historisches Versagen westlicher Friedens- und Sicherheitspolitik wäre, wenn wir aus vordergründigen Interessen heraus unsere Nachbarn in der Situation eines Zwischen-Europas halten wollten, in der sie über zwei Jahrhunderte die Objekte der Politik anderer waren. Es darf auch nie vergessen werden, dass der europäische Einigungsprozess stets als Ziel die Friedenssicherung hatte, und auch die Erweiterung der EU ist eine friedenssichernde Maßnahme.

Aber noch einmal der Blick auf das ganz konkrete sicherheits- wie wirtschaftspolitische Interesse Deutschlands. Deutschland wird von der Osterweiterung profitieren, allerdings müssen die Voraussetzungen erfüllt sein: Beitrittsfähigkeit der assoziierten Staaten und Aufnahmefähigkeit der Europäischen Union durch die notwendigen institutionellen Reformen – darauf komme ich noch zu sprechen, denn sonst würden wir die Gemeinschaft überdehnen. Wir brauchen von daher auf jeden Fall Übergangsregelungen bei der Übertragung des Agrarsystems auf die neuen Länder und auch bei dem Thema Freizügigkeit auf dem Arbeitsmarkt. Das ist aber auch machbar, wie wir auch bei der Erweiterungsrunde um Spanien und Portugal 1978 erlebt haben.

Institutionelle Reformen: Die Mechanismen und Entscheidungsstrukturen in der Union der 15 sind in vielen Bereichen unverändert gegenüber der Europäischen Gemeinschaft der sechs. Europas institutionelles Gefüge muss an die neue Lage angepasst werden. Die Fundamente müssen stimmen, um das größere Gebäude zu tragen. Die Europäische Union muss demokratischer, bürgernäher, transparenter, schlanker, weniger bürokratisch und effektiver werden. Wir brauchen die Stärkung des europäischen Parlaments. Wir brauchen die weitestgehende Abschaffung des Vetorechts und die Ausweitung der Abstimmungen mit qualifizierter Mehrheit, sonst kommen wir nicht voran. Wir brauchen – gerade auch mit Blick auf die Erweiterung der EU – die Verschlankung der Kommission, eine realistische Stimmengewichtung, eine vertragliche Flexibilität, die es ermöglicht, den Prozess der Einigung Europas nicht länger nach dem Geleitzugprinzip fortsetzen zu müssen. In zwei Fällen haben wir faktisch bereits eine solche Flexibilität – in Gestalt des Schengener-Abkommens und der europäischen Wirtschafts- und Währungsunion, an der sich bekanntlich nicht alle Staaten der Europäischen Union beteiligen. Europa braucht die Dynamik der vorwärtsdrängenden, der integrationswilligen und integrationsfähigen Mitglieder. Deutschland muss auch weiterhin zu dieser europäischen Avantgarde gehören. Nichts anderes hatten wir mit unseren im September 1994 veröffentlichten Überlegungen zu Kerneuropa im Sinn: Ein Konzept, das mittlerweile weithin als erfolgversprechendes Modell für die Zukunft der europäischen Integration auch von denjenigen anerkannt wird, die seinerzeit am heftigsten dagegen polemisiert haben.

Damit komme ich zu einer ganz entscheidenden Frage für die Zukunft Europas, zur Frage der Zuständigkeiten und Kompetenzen, zur Aufgabenverteilung zwischen Europa, den Nationalstaaten und den Regionen und zum Thema Subsidiarität. Der Nationalstaat ist ganz sicher in einer von Globalisierung geprägten Welt nicht mehr hinreichend in der Lage, auf zentrale Herausforderungen eine geeignete Antwort zu geben. Deswegen ist in den großen Bereichen der Politik – der Außenpolitik, der äußeren und inneren Sicherheit, der Bewältigung regionaler Konflikte, der Bekämpfung organisierter Kriminalität, des Umweltschutzes und beim geschlossenen Auftreten in Fragen der globalen Wirtschaft – eine weitere Kompetenzverlagerung auf die europäische Ebene notwendig. Aber Europa muss gleichzeitig von Eigenverantwortung, Wettbewerb und Vielfalt geprägt sein. Nicht alles muss in Brüssel entschieden werden, was auf der Ebene der Nationalstaaten und Regionen besser und bürgernäher entschieden werden kann. Wir brauchen daher die Korrektur des bestehenden Gemeinschaftsrechts, das ist eine zentrale verfassungsrechtliche Frage, und deswegen braucht die Europäische Union als Fundament einen Verfassungsvertrag der Mitgliedstaaten, mit den der Union zugrundeliegenden Werteentscheidungen einschließlich einer Grundrechtecharta, der die Ziele und Grundrechte, den institutionellen Rahmen, das Subsidiaritätsprinzip und eine klare Kompetenzabgrenzung zwischen europäischer und nationaler Ebene enthält. Und die hier zu treffende Neubestimmung muss offen sein für Rückverlagerungen von Kompetenzen auf den Nationalstaat und auf die Regionen, so wie Professor Thomas Ellwein stets betont hat, dass auch in der Zukunft der Nationalstaat nicht obsolet und die Regionen nicht bedeutungslos werden.

Wenn wir die Debatte über die Zukunft Europas führen, dann müssen wir nicht nur über die Stärkung Europas in einer globalisierten Welt reden, sondern auch darüber, welchen Beitrag Europa in einer globalisierten Welt zu leisten fähig und willens ist, einzubringen in einen Dialog mit den anderen Kulturen. In der Berliner Ausstellung „7 Hügel – Bilder und Zeichen des 21. Jahrhunderts" ist ein Hügel der „Zivilisation" gewidmet und in der Struktur eines „Labyrinths" dargestellt, sinnbildlicher Ausdruck für die Komplexität unserer Welt im 21. Jahrhundert. Ich denke, Europa hat zur Zivilisation der sich herausbildenden „Weltdorfgesellschaft" nicht wenig beizutragen, einen über 2000 Jahre gesponnenen Ariadnefaden, der eine, und ich denke keine schlechte Möglichkeit der Orientierung in diesem Labyrinth bietet. Das alles steht sehr gut lesbar zusammengefasst in der Präambel und in den 53 Artikeln der Grundrechtecharta, den der Konvent unter Altbundespräsident Roman Herzog jetzt vorgelegt hat und der auf dem EU-Gipfel Ende dieses Jahres in Nizza feierlich proklamiert werden soll. Man kann sicherlich über den einen oder anderen Punkt diskutieren und Ergänzungen vorschlagen, aber das Gerüst steht: Würde des Menschen, Freiheiten, Gleichheit, Solidarität, Bürgerrechte, Demokratie, Rechtsstaatlichkeit, Rationalität und Aufklärung. Und damit dabei am Ende auch Euro-Skeptiker wie Konrad Adam vom Feuilleton der FAZ keinen Grund mehr zu bissigen Kommentaren haben wie „Beim Aufbruch nach Europa liegt die Wirtschaft vorn, die Politik zurück; und ganz weit hinten, ziemlich abgeschlagen, folgt der Bürger", müssen wir die Menschen in das neue Europa mitnehmen und Europa bürgernah erfahrbar machen. Dann werden die Menschen auch mit dem Herzen dabei sein, so dass sie irgendwann, vielleicht alle sich den Titel der Rede des Präsidenten der Französischen Republik, Jacques Chirac im Reichstag am 27. Juni 2000, zu eigen machen können, der da lautete: „Unser Europa!"

Meine Damen und Herren, wenn wir das Bewährte für die Zukunft sichern wollen, dann müssen wir heute vieles verändern. Für die Zukunft Europas in der globalisierten Welt wünsche ich mir also, dass es unserem Kontinent am Ende nicht so ergeht wie in der Brecht'schen Geschichte von Herrn Keuner, der von jemandem, den er lange nicht gesehen hatte, mit den Worten begrüßt wurde: „Sie haben sich gar nicht verändert" – worauf dieser erbleichte.

2.4 Die internationale Friedensordnung sichern

2.4.1 UNHCR-Flüchtlingskonferenz[11]

(...) Wir stehen vor einer seit dem Zweiten Weltkrieg in Europa nicht mehr gekannten Notlage. Unsere gemeinsame Aufgabe ist, den Opfern des Konfliktes im ehemaligen Jugoslawien wirksam zu helfen. Das Elend von vielen hunderttausend Menschen darf niemanden gleichgültig lassen. Ursache der gegenwärtigen Flüchtlingswelle ist keine Naturkatastrophe. Sie ist die Folge einer gezielt und systematisch ins Werk gesetzten Politik der Eroberung und Vertreibung, eines Terrors gegen die Zivilbevölkerung, der auch vor dem blanken Mord nicht zurückschreckt. Diese Politik ist das Werk serbischer Extremisten, die von Belgrad ermutigt, bewaffnet und ausgerüstet worden sind und die auch weiterhin auf die Unterstützung der Verantwortlichen in Belgrad zählen können. Deutschland fordert die serbische Führung und die von ihr unterstützten Extremisten eindringlich auf, das Blutvergießen sofort zu beenden und die europäische Waffenstillstandsvereinbarung einzuhalten. Nur dann kann der die Stabilität und die Glaubwürdigkeit Europas bedrohende Konflikt und das Massenelend der Bevölkerung des ehemaligen Jugoslawiens beendet werden. Natürlich müssen auch die anderen Parteien des Konflikts den Waffenstillstand befolgen. Racheakte darf es nicht geben. Wir

[11] Rede vor der UNHCR-Flüchtlingskonferenz in Genf am 29. Juli 1992

sind nicht nur an den Bemühungen um die Beendigung des Krieges maßgeblich beteiligt, sondern sehen die Lösung der humanitären Folgewirkungen als unsere eigene Aufgabe an. In den Hilfsbemühungen stehen wir an vorderster Stelle. Deutsche wissen wie kaum ein Volk in der Welt, was es heißt, die Heimat zu verlieren und auf der Flucht zu sein. Gemeinsam mit dem Hohen Flüchtlingskommissar der Vereinten Nationen sind wir der Ansicht, dass die Hilfe vor Ort absoluten Vorrang haben muss. Die Menschen müssen in die Lage versetzt werden, wenn irgendwie möglich, in oder nahe der Heimat zu bleiben. Deshalb leisten wir aktive Hilfe für Flüchtlinge in Bosnien-Herzegowina, in Kroatien, in Slowenien und in Ungarn. Bisher galt unsere Sorge der Versorgung der Opfer mit dem Lebensnotwendigen – vor allem Nahrungsmittel, Medikamente, medizinische Geräte, Krankenfahrzeuge, Kleidung und Ausrüstungsgegenstände für Flüchtlingsunterkünfte. Angesichts der durch die serbische Großoffensive in Bosnien-Herzegowina ausgelösten neuen Flüchtlingswelle und der Tatsache, dass das hauptsächlich betroffene Kroatien an die Grenzen seiner Aufnahmemöglichkeiten gestoßen ist, beabsichtigen wir, uns in angemessenem Umfang bei der Unterbringung der Flüchtlinge zu engagieren. Deutschland hat 50 Millionen DM bereitgestellt, um winterfeste Unterkünfte für 20.000 Flüchtlinge einschließlich der nötigen Infrastruktur in Kroatien zu bauen. Diese Aktion soll so schnell wie möglich durchgeführt werden.

Seit Beginn der Konflikte hat meine Regierung – die Leistungen der Regierungen der einzelnen Bundesländer nicht eingerechnet – einschließlich unseres Anteils an den aktuellen EG-Maßnahmen Hilfe im Wert von 194,4 Millionen DM zur Verfügung gestellt. Wir beteiligen uns auch an der internationalen Luftbrücke nach Sarajewo mit zwei Transportmaschinen der Bundeswehr. Insgesamt wurden bis zum 25. Juli 47 Flüge mit einer Gesamttonnage von 420 Tonnen durchgeführt. Besonders hervorheben möchte ich die Solidarität der deutschen Bevölkerung. Sie unterstützt in einer beispiellosen Welle der Menschlichkeit die Flüchtlinge, sei es durch Sammlung und Verteilung von Hilfsgütern vor Ort oder sei es durch die Zurverfügungstellung von Unterkünften. Zur Koordination und Abstimmung unserer Hilfe unterhält Deutschland in Zagreb als einziger Geberstaat ein eigenes Verbindungsbüro. Damit ist es auch möglich, die Hilfe gezielter an die Bedürftigsten zu verteilen und sogar Zivilpersonen in Kampfgebieten durch ein Selbstabholersystem zu erreichen. Vorsteher von Gemeinden, Pfarrer, muslimische Würdenträger und Ärzte holen sich wichtige Hilfsgüter direkt aus dem Lager des Verbindungsbüros in Zagreb ab und transportieren sie durch die Kampflinien. Deutschland ist bemüht, hilfsbedürftigen Flüchtlingen aus dem ehemaligen Jugoslawien im Rahmen seiner Möglichkeiten den Aufenthalt durch Gewährung eines vorübergehenden Schutzes zu ermöglichen. So hat die Bundesregierung in Abstimmung mit den Innenministern der Länder am 22. Mai 1992 entschieden, Verwundete und kranken Personen aus Bosnien-Herzegowina die Einreise zu gestatten, soweit deren medizinische Versorgung in ihrem Heimatland oder Erstaufnahmeland nicht gewährleistet ist. Gleiches gilt für Flüchtlinge, deren Unterbringung und Versorgung durch in Deutschland lebende Verwandte und Bekannte oder durch Wohlfahrtsverbände sichergestellt ist. Entsprechend großzügig wird die Sichtvermerkserteilung gehandhabt. Seit Mai dieses Jahres sind rund 30.000 Sichtvermerke erteilt worden. Seit Anfang 1992 bis zum heutigen Tag wurden rund 80.000 Asylbewerber aus dem ehemaligen Jugoslawien in Deutschland aufgenommen. Nicht eingerechnet ist die große Zahl von Flüchtlingen aus diesem Gebiet, die insbesondere in die süddeutschen Länder eingereist sind und kein Asyl beantragt haben. Schätzungen gehen in die Zehntausende. Die Gesamtzahl der von Deutschland aufgenommenen Zufluchtsuchenden aus dem ehemaligen Jugoslawien beträgt nach vorsichtigen Schätzungen fast 200.000 Personen. Trotz dieser enormen Belastung haben wir als eine einmalige humanitäre Aktion entschieden, zusätzlich bis zu 5.000 Frauen, Kinder und alte Menschen aufzunehmen, die in diesen Tagen aus Bosnien-Herzegowina nach

Kroatien geflohen sind. Die dafür notwendige umfangreiche Evakuierungsaktion mit Hilfe von sechs Zügen der Bundesbahn konnte am vergangenen Wochenende abgeschlossen werden. Diese Aufnahmeaktion und die Hilfe von 50 Millionen DM für die Flüchtlingsunterbringung in Kroatien sind ein deutliches Zeichen, das wir Deutschen setzen wollen. Sie erfolgen in Erwartung dringend gebotener europäischer und internationaler Solidarität. Wir sehen es als Gebot europäischer Glaubwürdigkeit an, neben den umfassenden Bemühungen um eine Beendigung des Krieges und der Verstärkung der humanitären Hilfe vor Ort jetzt zusätzliche Anstrengungen zur Linderung des Flüchtlingselends durch eine gemeinsame Aufnahmeaktion zugunsten der aus Bosnien-Herzegowina fliehenden Menschen zu unternehmen. Wir appellieren deshalb an die internationale Staatengemeinschaft, insbesondere an die europäischen Staaten, die hierfür notwendigen Schritte zu tun und dabei insbesondere Flüchtlinge aus den Bürgerkriegsgebieten im Rahmen einer internationalen Lastenteilung für eine begrenzte Zeit aufzunehmen. Die internationale Staatengemeinschaft, insbesondere die europäischen Länder, dürfen sich ihrer Verantwortung gegenüber den Opfern und gegenüber den Nachbarstaaten, die von der Flüchtlingswelle überrollt zu werden drohen, nicht entziehen. Unsere Glaubwürdigkeit wird in aller Welt auch daran gemessen werden, welche konkreten Maßnahmen wir zur Linderung des Flüchtlingselends unternehmen. Hilfen vor Ort reichen nicht mehr aus, um unsere Verantwortung gegenüber dem Geschehen im ehemaligen Jugoslawien gerecht zu werden.

2.4.2 Menschenrechte und Humanität im Schatten des Kampfes gegen den internationalen Terror[12]

Es stellen sich im Grunde drei Fragen: Wie ist gegenwärtig die menschenrechtliche Lage? Wo liegen zusätzliche Gefährdungen? Was können wir tun? Natürlich bin ich mit diesen Fragestellun-

[12] Osnabrücker Friedensgespräch am 22.4.2004

gen immer wieder konfrontiert worden als Mitglied des Deutschen Bundestages und auch als Bundesinnenminister, ich möchte heute aber vorrangig als Präsident des Deutschen Roten Kreuzes argumentieren.

Die Bundesregierung thematisiert in ihrem jüngsten Bericht über ihre Menschenrechtspolitik Situationen in fast 60 Staaten, in denen sie die Menschenrechtslage aus unterschiedlichen Gründen als prekär einstuft. Amnesty International dokumentiert in ihrem Jahresbericht für das Jahr 2002 sogar Menschenrechtsverletzungen in 151 Ländern. Das heißt: Auch 55 Jahre nach Verabschiedung der allgemeinen Erklärung der Menschenrechte durch die Generalversammlung der Vereinten Nationen ist die Menschenrechtssituation in zahlreichen Staaten der Welt problematisch, in bestimmten Staaten sogar katastrophal. Seit den Anschlägen des 11. September 2001 in New York und Washington rückt mehr und mehr das Spannungsverhältnis zwischen Terrorismusbekämpfung und Menschenrechte in den Vordergrund. Unter besonderer Beobachtung steht ein Jahr nach Beginn des Krieges die Situation der Menschenrechte im Irak, aber auch in Afghanistan und in diesem Zusammenhang auch die Situation der Inhaftierten in Guantanamo.

Lassen Sie mich – was die Rotkreuz- bzw. Rothalbmond-Bewegung anbetrifft – zunächst eine Vorbemerkung machen. Die Rotkreuz- und Rothalbmond-Bewegung ist durch die internationale Staatengemeinschaft, vor allem in der Institution des Internationalen Komitees vom Roten Kreuz, mit besonderen Funktionen bei der Umsetzung des humanitären Völkerrechts betraut. Wir haben ein völkerrechtliches Mandat – auf der Grundlage der Genfer Rotkreuz-Abkommen, die mittlerweile von rund 190 Staaten der Welt ratifiziert wurden, zum Schutz der Verwundeten und Kranken, zur Behandlung der Kriegsgefangenen und zum Schutz der Zivilpersonen in Kriegszeiten. Humanitäres Völkerrecht wird dabei international anders definiert als das allgemeine Menschenrecht. Die Menschenrechte zielen ab auf den Schutz des Individuums in Friedens- und – allerdings eingeschränkt – auch in Kriegszeiten. Das humanitäre Völkerrecht, für das das Rote Kreuz ein Mandat hat, gilt „lediglich" in bewaffneten Konflikten, dort allerdings ohne jede Einschränkung. Allerdings spielt diese Unterscheidung in der praktischen Arbeit immer weniger eine Rolle. Die internationale Gemeinschaft ist immer wieder Zeuge brutalster Verletzungen sowohl der Menschenrechte als auch des humanitären Völkerrechts geworden. Das verstärkte ja auch die Forderung nach der Einsetzung von Institutionen, die die völkerrechtlichen Verpflichtungen sichern und Verstöße sanktionieren sollen. Die bekanntesten Resultate dieser Bestrebungen stellen die Einrichtung der internationalen Tribunale für Jugoslawien (1993) und Ruanda (1994) sowie die Verabschiedung des Rom-Statuts zur Einrichtung eines Internationalen Strafgerichtshofs (1998) dar.

Hinzugekommen ist auch, dass die Notwendigkeit oder angebliche Notwendigkeit von Kriegen der letzten Jahre – siehe Kosovo oder Irak – zunehmend mit menschenrechtlichen Argumenten begründet wurde und im Zuge dieser Kriege und im so genannten Kampf gegen den Terrorismus nicht nur Menschenrechte suspendiert, sondern auch völkerrechtliche Bestimmungen eklatant missachtet wurden (Guantanamo). Das war auch für das Internationale Rote Kreuz eine weitere Motivation, Menschenrechtsfragen in sein Engagement für die Umsetzung, Einhaltung und Weiterentwicklung des humanitären Völkerrechts einzubeziehen.

Es gibt eine weitere Besonderheit, die uns – das heißt die internationale Rotkreuz- und Rothalbmond-Bewegung – beim Einsatz für die Interessen der bedrohten und verfolgten Menschen von der Arbeit anderer Hilfsorganisationen und auch von der Arbeit von Amnesty International unterscheidet. Das Rote Kreuz ist durch seine Grundsätze unter anderem den Prinzipien der Neutralität und Unparteilichkeit verpflichtet. Das bedeutet, dass es in gewaltsamen oder politischen Konflikten in der Regel keine Stellungnahme bezieht und ihr Engagement allein durch das Maß der Not der Betroffenen bestimmt wird. Das Rote Kreuz wird daher im Falle von Verletzungen des humanitären Völkerrechts und der Menschenrechte seinen Focus und seine Verlautbarungen nicht auf die öffentliche Anprangerung der Verursacher, sondern stets auf die Anmahnung der Rechte der Betroffenen ausrichten, was nicht ausschließt, dass zum Beispiel der Gegensatz zwischen der amerikanischen Position in Sachen Guantanamo und der des Internationalen Roten Kreuzes in aller Deutlichkeit und in aller Öffentlichkeit sichtbar wurde. Das betraf die Forderung nach Gefangenenbesuchen in Guantanamo ebenso wie die Anmahnung an die amerikanische Seite, Sadam Hussein als Kriegsgefangenen entsprechend den Genfer Konventionen zu behandeln. In Ausnahmefällen werden Völkerrechtsverstöße auch öffentlich verurteilt, so zuletzt am 18. Februar in Bezug auf den Sicherheitszaun in den besetzten Gebieten in Palästina. Das wichtigste Anliegen des Roten Kreuzes, der Zugang zu Opfern und zu Gefangenen steht aber im Vordergrund. So werden zum Beispiel die Berichte der Gefangenenbesuche – einer wesentlichen menschenrechtlich wirksamen Tätigkeit des Internationalen Roten Kreuzes – in der Regel nicht veröffentlicht, sondern mit ihnen auf die jeweils zuständigen staatlichen Behörden eingewirkt.

Unsere humanitäre Aufgabe wird in Krisen- und Kriegsgebieten gegenwärtig allerdings schwieriger. Wir mussten nach dem Anschlag auf das Büro des Internationalen Roten Kreuzes in Bagdad die schmerzliche Entscheidung treffen, die Büros in Bagdad und Basra zeitweilig zu schließen – wir versorgen allerdings als einzige Organisation gegenwärtig über eine Luftbrücke von Amman nach Bagdad nach wie vor 60 Krankenhäuser im Irak mit medizinischen Hilfsgütern und Blutkonserven, auch in Falludscha. Aber die Sicherheit unserer Helfer ist in bestimmten Gebieten der Welt nicht mehr garantiert. Wir haben feststellen müssen, dass unser Symbol der Unabhängigkeit, Neutralität, Unparteilichkeit und Menschlichkeit – das rote Kreuz auf weißem Grund – nicht mehr überall geachtet wurde. Um so wichtiger ist, dass wir daraus nicht den falschen Schluss ziehen und uns unter militärischen Schutz begeben, was der amerikanische Außenminister Powell, sicherlich gut gemeint, vor einiger Zeit vorschlug. Würden wir dieses Angebot annehmen, würden wir das wichtigste Prinzip des Roten Kreuzes aufgeben, dass wir nicht Partei sind, nicht Teil eines Krieges, nicht bewaffnet, sondern ausschließlich dazu da sind, den Opfern von Krieg und Bürgerkrieg und Katastrophen zu helfen, ganz gleich auf welcher Seite die Opfer stehen. Und in diesem Zeichen müssen wir helfen, Gefangene besuchen, Menschenrechtsverletzungen aufspüren und auf die Kriegsparteien einwirken.

Die Gefährdungen haben sich aber auch für Staaten und Völker geändert. Die terroristischen Anschläge vom 11. September 2001 haben die fast unverwundbare Großmacht USA ins Herz getroffen, und auch im Irak, in Afghanistan und im Nahen Osten hat der Terrorismus immer wieder zugeschlagen. Im Kampf gegen den Terrorismus muss die Staatenwelt zusammenstehen, muss sich wappnen, Sicherheitsmaßnahmen überprüfen – gesetzgeberisch, polizeilich, militärisch – aber dies mit rechtsstaatlichen Mitteln. In vielen Ländern war und ist nach dem 11. September die Versuchung groß, im Namen der Terrorbekämpfung die Menschenrechte zu missachten. Internationale Grundrechts- und Menschenrechtsstandards müssen sich aber gerade auch in Krisenzeiten bewähren. Deswegen darf es keine Aufweichung bisher erreichter Menschenrechtsstandards geben, auch nicht in Form eines „Anti-Terror-Rabatts" gegenüber Staaten, die im Schatten des Kampfes gegen den Terrorismus Menschenrechte und rechtsstaatliche Prinzipien missachten.

Die internationale Arbeit – Prävention, Opferhilfen und Einsatz für die volle Einhaltung der bestehenden menschenrechtlichen Verträge auch im Kampf gegen den Terrorismus – gehört zu den wichtigsten Aufgaben des Deutschen und des Internationalen Roten Kreuzes.

3. Ehrenamtliches Engagement aus bürgerschaftlicher Verpflichtung

3.1 Das Ehrenamt – unverzichtbar für Staat und Gesellschaft[1]

(...) Ich habe vor einigen Monaten das Präsidentenamt beim Deutschen Roten Kreuz übernommen. Das Rote Kreuz steht stellvertretend für viele andere Hilfsorganisationen, humanitäre Einrichtungen, kirchliche und gesellschaftliche Vereine, Organisationen und Verbände, aber es stellt auf Grund seiner Tradition, seiner internationalen Verankerung im Internationalen Roten Kreuz, seiner Leistungsstärke, seiner Größe naturgemäß etwas Besonderes dar – mit seinen 4,6 Millionen Mitgliedern, 300.000 ehrenamtlichen Helferinnen und Helfern, mit seinen besonderen Aufgaben in Sachen Erste Hilfe-Ausbildung, Suchdienst, Rettungsdienst, beim humanitären Einsatz bei Katastrophen und Kriegen, in der Pflege und Sozialarbeit, beim Blutspendedienst, in 54 DRK-Krankenhäusern, 38 DRK-Altenpflegeschulen und Bildungswerken, 456 Altentages- und Begegnungsstätten und bei seinem umfassenden ambulanten Netz von Altenhilfe und Pflegediensten. Vor diesem Hintergrund habe ich die Aufgabe im Roten Kreuz gerne übernommen.

Ich will aber nicht in erster Linie über das Rote Kreuz reden, sondern über die unverzichtbare Arbeit, die bundesweit rund 7–8 Millionen ehrenamtlich tätige Bürgerinnen und Bürger erbringen. Wir haben vor einiger Zeit die großen Geburtstage unseres Landes gefeiert: 50 Jahre Bundesrepublik Deutschland, 10 Jahre deutsche Einheit. In diesen 50 Jahren haben wir – nach schrecklichen Jahren des Nationalsozialismus und später dann im geteilten Deutschland des Kommunismus – eine stabile, so-

[1] Jahresempfang der Evangelisch-lutherischen Kirchengemeinde Engerhafe am 21. Februar 2004

ziale, rechtsstaatliche, freiheitliche Demokratie Bundesrepublik Deutschland aufgebaut, und seit 1990 gilt die freiheitliche Verfassung des Grundgesetzes in ganz Deutschland. (…)

An dieser Entwicklung, dieser so positiven, freiheitlichen, rechtsstaatlichen und sozialen Entwicklung unseres Landes haben viele ihren Anteil: Die Väter und Mütter des Grundgesetzes, eine weitsichtige Politik, die politischen Parteien, die Gewerkschaften und Wirtschaftsverbände, die Kommunalpolitiker, die gesellschaftlichen Gruppen, die Arbeitnehmerinnen und Arbeitnehmer – nicht zu vergessen aber auch die vielen Menschen, die sich außerhalb ihres beruflichen Lebens ehrenamtlich engagiert haben. Ohne sie wäre die Entwicklung in Deutschland – auch nach der Wiedervereinigung – anders verlaufen. Die Lebendigkeit unserer Demokratie, das Leben in unserem Gemeinwesen, in Städten und Dörfern – im wirtschaftlichen, kulturellen und sozialen Bereich – ist in diesen Jahren und Jahrzehnten entscheidend von diesen Menschen geprägt worden, die sich ehrenamtlich und freiwillig engagieren – für andere und für das Gemeinwohl.

Alt-Bundespräsident Roman Herzog hat einmal gesagt: „Gemeinsinn, freiwilliges Engagement für andere, für die Allgemeinheit, das ist so etwas wie ein Gradmesser für die moralische Temperatur in einer Gesellschaft." Mit anderen Worten: Die moralische Temperatur entscheidet über Wärme und Kälte im Leben und somit darüber, ob unsere Gesellschaft sich darstellt mit einem menschlichen Gesicht. Bürgerschaftliches Engagement hat also in Deutschland Tradition. Jeden Monat werden in der Bundesrepublik ungefähr 240 Millionen Stunden ehrenamtliche Tätigkeit geleistet. Der Wert dieser Arbeit lässt sich in Geld überhaupt nicht ausdrücken, er ist unter finanziellen und politischen Gesichtspunkten unbezahlbar. Denn die Veränderungen in unserer Gesellschaft – Säkularisierung, Individualisierung, Wertewandel – und die tiefgreifenden Veränderungen der sozialen Wirklichkeit, ein dramatischer Umbruch im Altersaufbau der Bevölkerung, die kräftige Zunahme von Ein- und Zweipersonenhaushalten, die erheblich höhere durchschnittliche Lebenserwartung, aber auch die stark steigende Zahl der Pflegebedürftigen und Kranken – ergibt einen deutlich zunehmenden Bedarf an Hilfe, Nachbarschaftshilfe, Selbsthilfe, klassischem sozialen Ehrenamt, aber auch nach gesellschaftlicher Einbindung in Vereine und Verbände, Jugendgruppen und Selbsthilfegruppen bis hin zum vorpolitischen und politischen Engagement.

Erfreulich ist dabei, dass es nicht nur einen steigenden Bedarf an Hilfe gibt, sondern nach wie vor auch – wie die Zahlen beweisen – ein erhebliches Potenzial der Hilfsbereitschaft in der Bevölkerung selbst. Deswegen möchte ich auch nicht von einer Krise des Ehrenamtes sprechen, eher davon, dass auch das Ehrenamt einem Wandel unterworfen ist. Ehrenamtliche prüfen heute noch stärker als früher, ob sie die Aufgabe für wichtig und interessant halten, wie sie ihr Engagement mit Familie, Partnerschaft, Schule, Ausbildung und Beruf vereinbaren können, und wie sich dieses Engagement mit privaten Interessen verbinden lässt.

Um es plastisch – in Zahlen – und an einigen Beispielen darzustellen: Nach einer Infratest-Umfrage „Bürger und Sozialstaat" arbeiten heute in Deutschland freiwillig und ehrenamtlich 12 Prozent im Rahmen von Nachbarschaftshilfe, 7 Prozent in Kirchen und in kirchennahen Organisationen, 6 Prozent in Bürgerinitiativen, 6 Prozent in Selbsthilfegruppen mit sozialen und gesundheitlichen Zielen, 5 Prozent in Jugendverbänden und Kindergruppen, je 3 Prozent in Frauenverbänden sowie in Verbänden der Kriegsopfer, Sozialrentner und Behinderten. Dazu kommen viele Modellprojekte: So haben innerhalb weniger Jahre viele Tausende junger Erwachsene ein freiwilliges soziales Jahr in Krankenhäusern, Alten- und Behinderteneinrichtungen, in Sozialstationen und Kindergärten, Jugendheimen und Einrichtungen der Psychiatrie geleistet. Ähnliches gilt für die Mitarbeit bei Modellprojekten des freiwilligen ökologischen Jahres. Die Zahl der Interessenten überwiegt dabei die angebotenen Arbeitsmöglichkeiten bei weitem. Das traditionelle Ehrenamt etwa bei den freiwilligen Feuerwehren, den Verbänden des Zivil- und Katastrophenschutzes, bei den Schützen, bei Musikgruppen oder in kirchlichen Organisationen ist nach wie vor in großem Umfang vorhanden. Und beeindruckend ist auch der Sektor des Sports: In ihm sind mehr als 2,5 Millionen Ehrenamtliche tätig. Jährlich werden etwa 1.500 bis 2.000 neue Sportvereine gegründet – ein bemerkenswertes Faktum in einer Zeit, in der wir zu Recht über die Individualisierung und Vereinsamung der Menschen in vielen Lebensbereichen besorgt sein müssen.

Ich halte es unter vielerlei Gesichtspunkten für notwendig, das ehrenamtliche Engagement stärker noch als bisher auch öffentlich anzuerkennen. Zum Beispiel dadurch,

- dass Persönlichkeiten des öffentlichen Lebens dieses Engagement bewusst in seiner Bedeutung für das Gemeinwohl herausstellen und würdigen,
- dass die Kommunen den in ihrem Bereich wirkenden Ehrenamtlichen durch Auszeichnungen und öffentlichen Belobigungen Anerkennung zukommen lassen,
- dass die Arbeitgeber ehrenamtliche Tätigkeit ihrer Mitarbeiter ermöglichen und nicht blockieren und bei Bewerbungen ehrenamtliches Engagement berücksichtigen, und
- dass die Medien durch verstärkte Informationen über Tätigkeitsfelder und die Aufgaben ehrenamtlicher Mitarbeiter berichten und damit Anerkennung für ehrenamtlich tätige Menschen und für das Ehrenamt insgesamt dokumentieren.

Auch die finanzielle Anerkennung ehrenamtlicher Tätigkeit dürfen wir nicht vernachlässigen. Freiwillige Hilfe darf nicht ein Privileg derjenigen sein, die sich das leisten können, auch wenn ich davor warne, die Erwartung zu wecken, als wäre am Ende die bezahlte ehrenamtliche Arbeit möglich. (...)

Ich habe davon gesprochen, dass ich eine Krise des Ehrenamtes nicht sehe. Wohl aber gibt es in unserem Lande eine Entwick lung, die wir mit Sorge betrachten, einen starken Trend zur – ICH-Orientierung – wo man fragt: „Was bringt mir das?" – und nicht nur die Politik, sondern auch Verbände, Vereine, Gewerkschaften und Kirchen bekommen dies zu spüren. Diese Entwicklung dürfen wir nicht hinnehmen, hier müssen wir gegensteuern: Ohne ehrenamtliche Helfer würde vieles fehlen, wäre der Staat schnell überfordert und unser Leben um vieles ärmer. Wenn jeder nur an sich denkt, ist er bald allein. Deshalb bedanke ich mich noch einmal bei denen, die Bürgersinn und tätige Solidarität, auch wenn sie oftmals unbequem ist, praktizieren. (…)

3.2 Das Internationale und Deutsche Rote Kreuz in den Krisen- und Kriegsgebieten dieser Welt[2]

(…) Das rote Kreuz auf weißem Grund ist weltweit eines der schönsten Symbole für Humanität und Solidarität. Die 181 Nationalen Rotkreuz- und Rothalbmond-Gesellschaften bilden ein einzigartiges internationales Netzwerk. Es baut Brücken, wo Menschen durch Spannungen rassischer, religiöser, ethnischer, politischer und sozialer Art getrennt sind. Alle Nationalen Gesellschaften sind den sieben Rotkreuz-Grundsätzen verpflichtet: der Menschlichkeit, der Unparteilichkeit, der Neutralität, der Unabhängigkeit, der Freiwilligkeit, der Einheit und der Universalität, entsprechend der christlichen Lehre von der Nächstenliebe. Ich kann aber auch den Koran zitieren: „Perfekt ist der Mensch, der anderen am meisten hilft", oder auch Mahatma Gandhi: „Liebe und Mitgefühl bewirken mehr als Waffen."

Sie kennen die Geschichte des Roten Kreuzes, die untrennbar verbunden ist mit der Schlacht von Solferino am 24. Juni 1859. Die vereinigten Heere von Kaiser Napoleon III. und Victor Emanuel, König von Sardinien, schlugen dort die österreichische

[2] Vortrag in der Deutschen Botschaft beim Vatikan in Rom am 8. März 2005

Armee unter der Führung des jungen Kaisers Franz Joseph. Es war mitten in Europa der erste moderne Krieg mit Massenheeren, Eisenbahnen, Telegraphen und Kriegsberichterstattern. 15 Stunden dauerte die Schlacht, die Österreicher waren aus ihren Stellungen geworfen worden und schließlich geflohen. Auf dem Schlachtfeld lagen 40.000 Verwundete.

Auf diesem Schlachtfeld erschien, aus Genf kommend, im Reisewagen und im weißen Anzug, der 31-jährige Bankier und Kaufmann Henri Dunant auf der Suche nach dem Kaiser Napoleon III. – weil die französischen Kolonialbehörden die Vergabe von Konzessionen für seine Mühlen und Anbaupläne in Algier verzögerten und der siegreiche Kaiser, so hatte er gehofft, in der Laune sein werde, zu gewähren, was dessen Ministerien ihm, Dunant, bisher verweigert hatten. Was er dort allerdings auf dem Schlachtfeld an Unvorstellbarem und Fürchterlichem sah, wo sich kein Mensch um die Verwundeten und die Opfer des Krieges kümmerte, ließ ihn alles vergessen, weswegen er nach Solferino gekommen war.

Ich kürze die geschichtliche Entwicklung ab. Unter dem Eindruck seiner Erlebnisse schrieb Dunant das Büchlein „Eine Erinnerung an Solferino". In unendlichen Verhandlungen mit vielen europäischen Staaten initiierte er die Gründung des Internationalen Komitees vom Deutschen Roten Kreuz und veranlasste die Einberufung einer Konferenz, die die Genfer Konvention von 1864 beschloss – eine „Konvention zur Verbesserung des Loses der verwundeten Soldaten der Armeen im Felde". 1901 erhielt Dunant den Friedensnobelpreis, 1949 wurden die bis heute geltenden vier Genfer Rot-Kreuz-Abkommen unterzeichnet, die mittlerweile von derzeit 192 Staaten der Welt ratifiziert wurden – zum Schutz der Verwundeten, Kranken und Schiffbrüchigen, zur Behandlung der Kriegsgefangenen und zum Schutz der Zivilpersonen in Kriegszeiten.

Auf der Grundlage dieser Genfer Konventionen und der beiden Zusatzprotokolle von 1977, die sich mit dem Schutz der Opfer internationaler und nicht-internationaler bewaffneter Konflikte befassen, arbeiten das Internationale Komitee vom Roten Kreuz und die Nationalen Rotkreuz- und Rothalbmond-Gesellschaften auch heute. Sie sind durch die internationale Staatengemeinschaft mit einem völkerrechtlichen Mandat ausgestattet. Das internationale Komitee vom Roten Kreuz mit Sitz in Genf hat den ausschließlich humanitären Auftrag, das Leben und die Würde der Opfer von Kriegen und innerer Gewaltanwendung zu schützen und ihnen Hilfe zu leisten. Es wacht über die Wahrung des humanitären Völkerrechts, es ist Anwalt von bedrohten oder verfolgten Menschen, es hat als einzige internationale Organisation das Recht, in internationalen bewaffneten Konflikten nicht nur Gefangene zu besuchen, sondern auch internierte Personen in besetzten Gebieten, die auf Grund der Beschuldigung von feindlichen Handlungen gegen die Besatzungsmacht gefangen gehalten werden. Es leitet alle Berichte an die verantwortlichen Behörden weiter. Im Falle von Verletzungen des humanitären Völkerrechts und der Menschenrechte richtet das Rote Kreuz allerdings seinen Fokus und seine Verlautbarungen grundsätzlich nicht auf die öffentliche Anprangerung der Verursacher, sondern stets auf die Anmahnung der Rechte der Betroffenen – was nicht ausschließt, dass z.B. der Gegensatz zwischen der amerikanischen Position in Sachen Guantanamo und der des Internationalen Roten Kreuzes in aller Deutlichkeit und in aller Öffentlichkeit sichtbar wurde. Das betraf auch die Situation in den Foltergefängnissen im Irak.

Wir mussten und müssen darauf bestehen – betraut durch das Mandat der internationalen Staatengemeinschaft, alle Gefangenen zu sehen, die unter das Mandat fallen, und alle Stätten aufzusuchen, wo sie festgehalten werden. Das Internationale Rote Kreuz muss darauf bestehen, mit den Gefangenen privat zu sprechen, das heißt ohne die Anwesenheit Dritter, die Gefangenen, die unter das Mandat fallen, zu registrieren und eine entsprechende Liste zu führen, die Gefangenenbesuche so oft zu wiederholen, wie es geboten scheint.

Das Rote Kreuz hilft nach den Grundsätzen der Neutralität und der Unparteilichkeit. Dies mag nicht immer populär sein, es garantiert aber, dass wir – häufig im Verborgenen – zu Gunsten der Notleidenden und Unterdrückten der kriegführenden Parteien handeln können. Eine Veröffentlichung von Gefängnisberichten kann dann stattfinden, wenn trotz wiederholter Aufforderungen die Behandlung der Gefangenen nicht verbessert wird, wenn das humanitäre Völkerrechtsmandat des Roten Kreuzes nicht respektiert wird, oder wenn die Behörden nur Teile der Berichte veröffentlichen, die ein verfälschendes Bild ergeben.

Das Internationale Rote Kreuz hat auch stets die Forderungen nach der Einsetzung von Institutionen unterstützt, die die völkerrechtlichen Verpflichtungen sichern und Verstöße sanktionieren sollen. Die bekanntesten Resultate dieser Bestrebungen stellen die Einrichtung der internationalen Tribunale für Jugoslawien (1993) und Ruanda (1994) sowie die Verabschiedung des Rom-Statuts zur Einrichtung eines internationalen Strafgerichtshof (1998) dar. Ich erinnere aber auch an die Resolutionen des UN-Sicherheitsrats zur Verurteilung der Folter und des Terrorismus und sein Engagement für die Heraufsetzung des Mindestrekrutierungsalters für Kinder auf 18 Jahre im Zuge der Formulierung des Optionalen Protokolls zur Kinderrechtskonvention vom Jahre 2000.

Neben dem Internationalen Komitee vom Roten Kreuz mit dem Mandat der Hilfeleistung in bewaffneten Konflikten arbeitet die Internationale Föderation der Rotkreuz- und Rothalbmond-Gesellschaften, die im Jahre 1919 gegründet wurde. Sie koordiniert die internationale Hilfe der Bewegung für Opfer von Natur- und Umweltkatastrophen, für Flüchtlinge und bei gesundheitlichen Notständen und leistet Entwicklungshilfe. Außerdem handelt sie als offizielle Vertreterin ihrer 181 Mitglieder. Wie weltweit umfassend diese konkreten Hilfen für Menschen in sozialer und politischer Not sind, bei Unglücksfällen, Naturkatastrophen, Kriegen und Bürgerkriegen, zeigt schon das Beispiel des Deutschen

Roten Kreuzes. Allein die deutsche Nationale Rotkreuz-Gesellschaft ist derzeit tätig mit Projekten in 75 Ländern der Welt. Die Projekte betreffen medizinische und schulische Einrichtungen, Armenhäuser, Straßenkinderprojekte, Ausbildung und Aufklärung, Prävention und Hilfe zur Selbsthilfe. Der Weltkatastrophenbericht des Internationalen Roten Kreuzes hat soeben diese Aufgaben als unverzichtbare Entwicklungsaufgaben und als unverzichtbare Vorsorgemaßnahmen bei Unglücksfällen und Katastrophen gekennzeichnet. Es ist ja erschreckend, dass die Zahl der Katastrophen seit den sechziger Jahren von ca. 110 auf über 300 jährlich drastisch angestiegen ist. Jedes Jahr sind über 250 Millionen betroffen, drei Mal mehr als in den siebziger Jahren. Dabei treffen Katastrophen weniger entwickelte Länder besonders hart. Die durchschnittliche Zahl der Todesopfer pro Naturkatastrophe liegt zehn Mal so hoch wie in den hoch entwickelten Ländern. Hinzu kommt, dass Katastrophen die Entwicklung eines Landes in besonderer Weise erschweren. Die Entwicklungsziele der Vereinten Nationen, die Armut bis zum Jahr 2015 weltweit zu halbieren, werden gegenwärtig bei weitem nicht erreicht, weder im Mittleren Osten, noch in Nordafrika, in Lateinamerika oder in Zentralasien. Und vom Ziel der Vereinten Nationen von 0,7 Prozent des Bruttovolkseinkommens der Geberländer für die offizielle Entwicklungshilfe sind wir weit entfernt; dieses Ziel wird nur von fünf Ländern erreicht, von Dänemark, Norwegen, Schweden, den Niederlanden und Luxemburg. Deswegen appelliert das Internationale Rote Kreuz auch immer wieder an die Regierungen der Welt, die offizielle Entwicklungshilfe aus OECD-Ländern zu steigern und vorbeugende Katastrophenhilfe als wichtigen Teil der Entwicklungshilfe zu begreifen.

Hinzu kommt die Arbeit speziell in Krisengebieten. Ich nenne den Sudan, wo das Deutsche Rote Kreuz – trotz der wiederaufflackernden Kriegshandlungen – im Süden und Westen Basis-Gesundheitsstrukturen und Wasserprojekte errichtet hat, sowie in den lange und direkt umkämpften Gebieten der Region Darfur die Menschen mit Hilfsgüterlieferungen unterstützt. Allein dort und an der Grenze zum Sudan, im Tschad, sind mittlerweile drei Gesundheitsstationen errichtet worden, die insgesamt 90.000 Menschen medizinisch versorgen können. In Afghanistan betreut das DRK mit Personal und Material vor Ort fünf Armen- und Waisenhäuser. Zusätzlich versorgt es 43 Kliniken mit Medikamenten. In den von Israel besetzten palästinensischen Gebieten konnten wir den so elementar notwendigen Rettungsdienst aufbauen und über das Jugendrotkreuz gemeinsame Verständigungsprojekte mit jungen Palästinensern und Israelis initiieren.

Ich war im November in Indien im Staat Orissa, an der Ostküste Indiens, wo tropische Wirbelstürme immer wieder viele Tausend Todesopfer fordern, und wo das Deutsche Rote Kreuz mitgeholfen hat, 30 Zyklon-Schutzbauten für die Bewohner der betroffenen Dörfer zu errichten, die bei einem Wirbelsturm jeweils 1.000 bis 3.000 Menschen in Sicherheit bringen können. Ähnliches gilt für Pakistan mit unserer Nothilfe bei Katastrophen wie Dürre und Überschwemmungen sowie bei der Flüchtlingsentwicklung im Grenzgebiet zu Afghanistan. Trotz aller wirtschaftlichen Erfolge in Indien und Pakistan bleibt die Tatsache, dass in Südasien, und dazu gehören neben Indien und Pakistan Afghanistan, Bangladesch, Nepal und Sri Lanka, 60 Prozent der Menschen ihre Heimat haben, die weltweit unter der Armutsgrenze leben. In dieser Region leben 24 Prozent der Weltbevölkerung. 50 Prozent aller weltweiten Katastrophen geschehen jährlich hier in Südasien. In allen Ländern dieser Region herrschen zusätzliche latente und offene Konfliktpotenziale für interne und grenzüberschreitende Auseinandersetzungen. Hinzu kommt das zunehmende Problem von Aids. Es leben dort Millionen von Vertriebenen und Flüchtlingen.

Vor kurzem wurde dieser Subkontinent von der wohl schrecklichsten Naturkatastrophe betroffen, die wir seit Jahrzehnten erlebt haben. Wir alle haben die Schreckensbilder gesehen, die täglich und stündlich immer neue menschliche Schicksale, Tote und Zerstörungen gezeigt haben. Wir hatten wenige Stunden nach der ersten Nachricht eine Schaltkonferenz mit der Internationalen Föderation in Genf, wo wir Hilfsmaßnahmen abgestimmt haben. Wir haben dann in der Folgezeit eine Fülle von Hilfsflügen nach Sri Lanka und nach Sumatra, in die Region Aceh, auf den Weg gebracht: Ein Feldkrankenhaus mit 150 Betten, das insgesamt 200.000 Menschen medizinisch betreuen kann, mehrere Basisgesundheitsstationen, die der Größe eines deutschen Hilfskrankenhauses entsprechen, mehrere Trinkwasseraufbereitungsanlagen, die jeweils 120.000 Liter Trinkwasser täglich produzieren können und jeweils 15.000 Menschen damit versorgen, medizinische Hilfsgüter und vieles andere mehr. Wir haben uns eingerichtet auf viele Einsatzjahre, denn nach der Akuthilfe, nach der Soforthilfe kommt der Wiederaufbau mit Blick auf Waisenhäuser, Kinderkrankenhäuser, Basisgesundheitsstationen und anderes. Wir können diese Hilfe nur leisten auf Grund einer unglaublichen Spendenbereitschaft in der deutschen Bevölkerung, die alles übertrifft, was wir bisher an Spendeneingängen bei internationalen Katastrophen erlebt haben.

Diese Gelder werden verantwortungsbewusst eingesetzt. Ich werde oft gefragt, wie viel von diesen Geldern denn die betroffenen Regionen tatsächlich und konkret erreichen. Ich nenne ein Beispiel: bei der Flutkatastrophe vor zweieinhalb Jahren an der Elbe haben wir einen Verwaltungskostenaufwand von sensationell geringen 5,8 Prozent gehabt. Das werden wir hier nicht erreichen, weil die Entfernung viel größer ist, weil wir Transportschwierigkeiten überwinden mussten, Hubschrauber einsetzten, um in die unwegsamen Gefilde von Aceh oder auch von Sri Lanka zu gelangen, denn ein Großteil der Infrastruktur war zerstört. Auch bei den jetzigen Hilfen werden wir jedoch alles tun, um die Verwaltungskosten so gering zu halten wie möglich. Das ist im Übrigen auch die Voraussetzung für die Verleihung des Spendensiegels, das vom deutschen Zentralinstitut für soziale Fragen verliehen wird und das immer auch dem Deutschen Roten Kreuz verliehen wurde.

Ich will aber auch darauf hinweisen, dass die große Spendenbereitschaft der deutschen Bevölkerung nicht nur eine unverzichtbare Hilfe für die betroffenen Regionen darstellt, sondern auch eine unglaubliche Ermutigung und Motivation ist für die vielen, vielen ehrenamtlichen Helferinnen und Helfer, die im Roten Kreuz, aber auch in anderen humanitären Organisationen sich immer wieder uneigennützig und unentgeltlich einsetzen. (...)

Lassen Sie mich noch ein besonderes Wort sagen zum Deutschen Roten Kreuz, das in Deutschland als nationale Hilfsgesellschaft und als Spitzenverband der Freien Wohlfahrtspflege tätig ist – mit 4,6 Millionen Mitgliedern weltweit eine der größten humanitären Organisationen der Welt, mit einer Fülle von Aufgaben im Zivil- und Katastrophenschutz, im Rettungsdienst, bei der Ersten Hilfe-Ausbildung, mit seinen Rotkreuz-Krankenhäusern, seinen Altenpflegeschulen, mit 20.000 hauptamtlichen Schwestern, mit einem starken Jugendrotkreuz, mit seinen Bereitschaften, seiner Bergwacht, seiner Wasserwacht und mit einem Blutspendedienst, der zu 80 Prozent die Blutversorgung in der Bundesrepublik Deutschland sichert. Jedes Jahr erhält das Deutsche Rote Kreuz 3,5 Millionen Blutspenden – unentgeltlich, gemeinnützig und auf der Grundlage strenger ethischer Normen.

Ich möchte im Kontext meines Themas eine besondere Aufgabe des Deutschen Roten Kreuzes gesondert hervorheben. Sie hat eben auch zu tun mit Kriegen und Bürgerkriegen, mit Flucht, Verfolgung und Vertreibung. Ich meine den Suchdienst des Roten Kreuzes mit seinem Sitz in München und Hamburg, der nach dem Ende des Zweiten Weltkrieges mehr als 21 Millionen Menschen wieder miteinander in Verbindung brachte beziehungsweise getrennte Familien wieder zusammenführte. Leider sind auch 60 Jahre nach Kriegsende noch rund 1,3 Millionen der dem DRK-Suchdienst gemeldeten Schicksale von deutschen

Wehrmachtsangehörigen und Zivilverschollenen ungeklärt. Es ist ja nicht nur die so genannte Kriegsgeneration, die sich um die Aufklärung bemühte, heute sind es die Kinder oder die Enkelkinder. Neue Hoffnung gab es nach dem friedlichen Umbruch in Europa und der Überwindung des Ost-West-Konfliktes. Seit Anfang der 90er Jahre konnten, nach jahrzehntelangen, intensiven Bemühungen, schriftliche Vereinbarungen mit verschiedenen Archiven in Russland abgeschlossen werden, in denen es um für die Schicksalsklärung wichtige Daten von deutschen Kriegsgefangenen und Zivilinternierten ging. Seitdem konnten zusätzlich mit Hilfe dieser Informationen ca. 140.000 Schicksale abschließend geklärt werden. Mit dem russischen staatlichen Militärarchiv in Moskau wurde zwischenzeitlich abgesprochen, dass in den nächsten sechs Jahren Informationen aus weiteren rund zwei Millionen Personalakten von deutschen Kriegsgefangenen und Zivilinternierten zur Verfügung gestellt werden. Aus diesem Fundus erhoffen wir uns die Klärung weiterer hunderttausender Schicksale, damit den betroffenen Angehörigen endlich die quälende Ungewissheit genommen werden kann, denn – so die 17. Internationale Rotkreuz-Konferenz in Stockholm 1948 – „Ungewissheit über das Schicksal von Angehörigen ist genau so schwer zu ertragen wie der Verlust selbst".

Was Deutschland anbetrifft, so haben wir es beim Suchdienst nach wie vor auch zu tun mit Kindern, die in der ehemaligen DDR zwangsadoptiert wurden, zum Beispiel weil ihre Eltern Republikflucht begangen hatten oder begehen wollten und die Kinder ihnen daher weggenommen wurden. In vielen Fällen haben die Betroffenen hiervon erst nach der Wende erfahren, zumindest eröffnete sich für sie ab diesem Zeitpunkt erstmals die Möglichkeit, nach ihren Wurzeln zu suchen. Und diese Kinder, in manchen Fällen auch die Eltern, haben ein vitales Interesse daran, ihre Schicksale aufzuklären.

Auch im Bereich derjenigen, die heute die Aufnahme als Spätaussiedler aus der ehemaligen Sowjetunion erreichen wollen, gab es solche Fälle von „angenommenen" Identitäten. So kam es in der Zeit von 1941–1956 (Krieg und Kommandantur) gelegentlich auch schon früher durch die vorangegangenen stalinistischen Säuberungen in der ehemaligen Sowjetunion nicht selten vor, dass deutsche Volkszugehörige den gegen die deutsche Minderheit gerichteten Maßnahmen (Zwangsumsiedlung, Arbeitslager) entgehen wollten und daher eine andere Identität, manchmal auch nur einen anderen Familiennamen annahmen. Zwar konnten sie unter Umständen so den Verfolgungen entgehen, bekamen oder bekommen aber Probleme, wenn sie ihre wirkliche Identität zum Zwecke der Ausreise nach Deutschland wieder herstellen wollen. Der DRK-Suchdienst führt auf allen Verbandsebenen – was diese Fälle anbetrifft – jährlich rund 150.000 Beratungen von hilfesuchenden Bürgern nach den Bundesvertriebenen- und Flüchtlingsgesetzen, dem Staatsangehörigkeits- und dem Ausländergesetz durch.

Aber der DRK-Suchdienst hilft nicht nur in diesem Punkt. Angesichts der aktuellen Kriege und Katastrophen der Gegenwart steht der DRK-Suchdienst mit den Rotkreuz-Gesellschaften in aller Welt in ständigem Kontakt. Aufgabenschwerpunkte sind zur Zeit neben der nach wie vor andauernden Suche nach Vermissten in den Flutgebieten Südasiens die Beförderung und Zustellung von Familienbenachrichtigungen im Zusammenhang mit den Konflikten im Irak, in Afghanistan, im ehemaligen Jugoslawien, in Somalia, Äthiopien und Eritrea, in Zentralafrika, insbesondere in Ruanda, Burundi, der Demokratischen Republik Kongo und Zaire sowie in den Kaukasus-Staaten Georgien und Aserbeidschan und den kaukasischen und russischen Teilrepubliken Tschetschenien und Abchasien. Jährlich erreichen uns ca. 5.000 Suchanfragen aus den oben genannten Konfliktregionen. Die Aufklärungsquote liegt bei ca. 80 Prozent. Darüber sind wir sehr froh. Es gibt keine andere Organisation, die in einer solchen Weise weltweit Hilfe leistet in einer uneingeschränkt humanitären Aufgabe. (…)

3.3 Das Deutsche Rote Kreuz zwischen Inlands- und Auslandseinsätzen[3]

(...) Nach 33 Jahren Mitgliedschaft im Deutschen Bundestag wollte ich – das war immer mein Wunsch – meine parlamentarischen und administrativen Erfahrungen einbringen in ehrenamtliche Aufgaben und speziell für das Rote Kreuz meine guten Kontakte nutzen in alle politischen Lager der Bundesrepublik Deutschland. Das rote Kreuz auf weißem Grund ist ja weltweit eines der schönsten Symbole für Humanität und Solidarität. Die 181 nationalen Rotkreuz – und Rothalbmond-Gesellschaften bilden ein einzigartiges internationales Netzwerk – unter ihnen ist das Deutsche Rote Kreuz die zweitgrößte Organisation, nach den Amerikanern und gleichauf mit den Japanern, mit 4,6 Millionen Mitgliedern und über 400.000 ehrenamtlichen Helferinnen und Helfern, mit 20.000 hauptamtlichen Schwestern, mit einem starken Jugendrotkreuz, mit seiner Bergwacht, seiner Wasserwacht, mit einer Fülle von Aufgaben im Zivil- und Katastrophenschutz, im Rettungsdienst, bei der Ersten Hilfe-Ausbildung, mit einem Blutspendedienst, der mit jährlich 3,5 Millionen Blutspenden 80 Prozent der Blutversorgung in der Bundesrepublik Deutschland sichert, mit seinen Rotkreuz-Krankenhäusern, seinen Altenpflegeschulen und einem Netz von ambulanten und stationären sozialen Einrichtungen. (...)

Als ein weiteres Beispiel nenne ich im Inland den Blutspendedienst. Wenn das Rote Kreuz tief in breitesten Schichten der Bevölkerung verankert ist, dann hängt das auch mit seinem Blutspendedienst zusammen und den Millionen von Menschen, die regelmäßig Blut spenden. Ich sagte schon, dass das Rote Kreuz jährlich mehr als 3,5 Millionen dieser Blutspenden erhält. Wichtig ist, dass die Blutspendedienste des Roten Kreuzes weltweit auf der Grundlage strenger ethischer Normen arbeiten, zu denen auch das Prinzip der Unentgeltlichkeit gehört – anders als

---

[3] Rede vor dem Club zu Bremen am 13. April 2005

bei den privaten Blutspendediensten, die auf den Markt drängen und dafür bezahlen. Wir sagen: Niemand soll aus finanzieller Not zur Blutspende gebracht werden. Auch müssen jedem Patienten – ungeachtet seiner finanziellen Lage – Blut oder Blutprodukte verabreicht werden können.

Die DRK-Blutspendedienste arbeiten dabei gemeinnützig nach dem Prinzip der Kostendeckung. Kosten, die für die Blutkonserve tatsächlich anfallen, müssen den belieferten Krankenhäusern in Rechnung gestellt werden. Diese Kosten setzen sich zusammen aus: Blutentnahme, Aufbereitung, Laboruntersuchung, Transport, Forschung und Entwicklung, Personal und Material. Gewinne dürfen DRK-Blutspendedienste als gemeinnützige Einrichtungen nach ihren Satzungen und Gesellschaftsverträgen nicht erzielen. Darüber wachen DRK-Gremien, Wirtschaftsprüfungsgesellschaften und die Finanzbehörden.

Wozu wird so viel Blut gebraucht? Vielleicht macht dies eine Zahl deutlich: 15.000 Blutspenden reichen in Deutschland gerade für einen Tag. Das meiste Blut wird inzwischen statistisch gesehen zur Behandlung von Krebspatienten benötigt. Es folgen Erkrankungen des Herzens, Magen- und Darmkrankheiten. Verletzungen aus Sport- und Verkehrsunfällen folgen erst an vierter Stelle. Der hohe Bedarf an Blut ist natürlich in erster Linie eine Folge des medizinischen Fortschritts. Viele Operationen, Organübertragungen und die Behandlung von Patienten mit bösartigen Tumoren sind nur Dank moderner Transfusionsmedizin möglich geworden.

Es ist eine großartige Leistung, die die Blutspender unentgeltlich erbringen, aber auch eine ebenso große Leistung der ehrenamtlichen Helferinnen und Helfer des Roten Kreuzes, die ihre Freizeit ebenso unentgeltlich und gemeinnützig zur Verfügung stellen, um eine unverzichtbare Leistung für unser Land und seine Menschen zu erbringen.

Ich nenne als weiteres Beispiel die Sozialarbeit, weil hier auf uns und alle anderen karitativen und Wohlfahrtsorganisationen ein neues Problem zukommt. In der stationären und ambulanten Pflege, bei den mobilen Hilfsdiensten, speziell auch bei der individuellen Schwerstbehindertenbetreuung arbeiten innerhalb des Deutschen Roten Kreuzes viele hauptamtliche und ehrenamtliche Mitarbeiterinnen und Mitarbeiter, zusätzlich derzeit rund 12.500 Zivildienstleistende – beim Deutschen Paritätischen Wohlfahrtsverband sind es sogar 22.000, bei der Diakonie 21.500, und auch die Caritas steht mit 20.500 Zivildienstleistenden ganz oben. Viele soziale Aufgabenfelder haben durch die Tätigkeit von Zivildienstleistenden ihren heutigen Qualitätsstandard erreicht, für viele Pflegeeinrichtungen war der Zivildienst stets eine wichtig Stütze. Was im Bereich von Pflege und Betreuung von Zivildienstleistenden geleistet wurde und tatsächlich geleistet wird, verdient Respekt und Anerkennung. Aber wenn in der Zukunft – und die Diskussion darüber ist in vollem Gange – der Wehrdienst und die Wehrpflicht entfällt, dann entfällt auch der Zivildienst, und dann müssen wir rechtzeitig Sorge dafür tragen, dass eine Kompensation der wegfallenden sozialen Leistungen geschaffen wird – mit Blick auf Arbeitsplätze, den Ausbau von freiwilligen Diensten und auch mit Blick auf eine Stärkung des ehrenamtlichen Engagements.

Wir plädieren in diesem Zusammenhang für die Stärkung des Freiwilligen Sozialen Jahres, wir sind gegen ein soziales Pflichtjahr – aus verfassungs- und völkerrechtlichen Gründen wie auch aus gesellschaftspolitischen Gründen. Für eine verfassungsändernde Mehrheit im Deutschen Bundestag sehe ich nicht den Hauch einer Chance, so ist die Diskussion über ein Pflichtjahr weitgehend akademisch. Hinzu kommen die völkerrechtlichen Hürden, wir würden gegen völkerrechtliche Verpflichtungen aus verschiedenen europäischen Konventionen verstoßen. Deswegen müssen wir uns bei der Frage der Kompensation auf eine Verstärkung der freiwilligen sozialen Dienste konzentrieren, diese auch attraktiver machen. Das stünde auch in Übereinstimmung mit den sieben Grundsätzen der Rotkreuz-Bewegung, zu denen neben den Prinzipien Menschlichkeit, Unparteilichkeit, Neutralität, Unabhängigkeit, Einheit und Universalität auch das Prinzip der Freiwilligkeit gehört – dies auch aus der Überzeugung heraus, dass wir zur Mitmenschlichkeit niemand zwingen können.

Ich will an dieser Stelle den generellen Appell an Staat und Politik richten, das Ehrenamt in Deutschland zu stärken. Vor dem Hintergrund der demographischen Entwicklung in unserem Lande, die erhebliche Auswirkungen hat auf die Leistungsfähigkeit der sozialen Sicherungssysteme und auf die Strukturen des Arbeitsmarktes, steigt der Bedarf an Hilfe. Die Arbeit der humanitären, der kirchlichen, der karitativen und sozialen Organisationen wird in Zukunft noch unverzichtbarer. Dazu müssen aber die politischen Rahmenbedingungen stimmen. Der Staat muss insbesondere das Ehrenamt würdigen, unterstützen und fördern, er muss dafür eintreten, dass öffentliche und private Arbeitgeber ehrenamtliche Tätigkeit ihrer Mitarbeiter ermöglichen, nicht blockieren und bei Bewerbungen ehrenamtliches Engagement berücksichtigen. Der Staat kann das Ehrenamt nicht bezahlen, aber er darf es auch nicht – zum Beispiel im Steuerrecht oder im Helferrecht – erschweren. Das Deutsche Rote Kreuz hat konkrete Vorschläge erarbeitet als Antwort auf den Bericht der Enquete-Kommission des letzten Deutschen Bundestages „Zukunft des Bürgerschaftlichen Engagements".

Als ich das Präsidentenamt im Deutschen Roten Kreuz übernommen habe bin ich gefragt worden: Wie sollte das Rote Kreuz in den Augen der Bevölkerung gesehen werden? Dazu zitiere ich drei Stimmen von Mitbürgern aus Anlass des 175. Geburtstages von Henry Dunant. Die erste: „In einer unfriedlichen und von Katastrophen bedrohten Welt beruhigt mich das Zeichen des roten Kreuzes wie kaum ein anderes. Es ist im internationalen humanen Wirken gar nicht mehr wegzudenken." Die zweite: „Die vielen Mitglieder des Roten Kreuzes sind beispielhaft für eine lebendige Bürgergesellschaft, in der sich die Menschen aktiv füreinander einsetzen." Und schließlich eine dritte Stimme: „Immer, wenn die Leute vom Roten Kreuz kommen, dann weiß ich, dass geholfen wird."

Personenverzeichnis